槐市书话

拓晓堂 著

商務印書館
创于1897 The Commercial Press
2017年·北京

图书在版编目(CIP)数据

槐市书话/拓晓堂著. —北京：商务印书馆，2017
ISBN 978－7－100－13417－0

Ⅰ.①槐…　Ⅱ.①拓…　Ⅲ.①古籍—拍卖—中国
Ⅳ.①F724.786

中国版本图书馆CIP数据核字(2017)第080063号

槐市书话
拓晓堂　著

商　务　印　书　馆　出　版
(北京王府井大街36号　邮政编码100710)
商　务　印　书　馆　发　行
北京新华印刷有限公司印刷
ISBN 978－7－100－13417－0

2017年9月第1版　　　　开本880×1230　1/32
2017年9月北京第1次印刷　　印张9⅛

定价：58.00元

目录

序　范景中 …………………………………………… i
自序 …………………………………………………… v

铭心绝品

荀斋旧藏宋刻《五灯会元》叙 ……………………… 2
劳权抄本《松雨轩集》叙 …………………………… 9
破解七百年的迷局 …………………………………… 15
——蜀刻中字本《春秋经传集解》
元茶陵桂山书院刻本《孔丛子》叙录 ……………… 20
元抄本陶叔献辑《两汉策要》提要 ………………… 27
附录:《两汉策要》后记 ……………………… 29
王懿荣与清曹寅影宋抄本《鉴诫录》 ……………… 36
许浑：南宋临安书棚本《丁卯集》 ………………… 45
蜀刻《许用晦文集》跋 ……………………………… 52
许浑《丁卯集》叙录补正 …………………………… 54

蜀刻《新刊权载之文集》跋……………………………………61
序元泰定梅溪书院刻本《尚书集传纂疏》…………………65
附录：元陈栎撰《尚书蔡氏传纂疏》提要 …………70
宋版《丹阳后集》卷十七零叶题记……………………………72
乾隆御笔《补咏安南战图六律》………………………………77
《明杨继盛劾严嵩疏稿墨迹》题记 …………………………84
《陈介祺致吴云书札》校勘小记 ……………………………88
一幅云门大卷……………………………………………………96
——毕刻《经训堂帖》黄庭坚《梵志诗》底本
一段旷世奇闻…………………………………………………102
——《铜官感旧图》叙
《咸丰同治批署四川总督崇实奏折全宗》提要 ………108
清同治皇帝《大清穆宗毅皇帝圣训》提要………………112
吕祖谦撰《详注东莱先生左氏博议廿五卷》题记………116
避暑山庄旧藏《绛帖平》……………………………………120
清初八色套印本《绣像三国演义》题记…………………128
明拓《张猛龙碑》跋…………………………………………133
陆氏松下清斋藏《化度寺碑》序…………………………137
忠义之气穿金石………………………………………………139
——宋拓安刻本《争座位帖》序

阅书感想

关于中国纪年和度量衡统一过程的联想………………… 146
—— 从旧拓《商鞅量》说起
关于《古腾堡〈圣经〉零叶》的缺憾………………… 162
关于佛经版本的断想………………………………… 179
《胡适先生存札序》 ………………………………… 191

藏书集序

过眼烟云……………………………………………… 206
——顾氏过云楼现藏古籍善本精品图录序言
《陈寅恪賸书序》 …………………………………… 212
《陈澄中藏书图录》编纂缘起 ……………………… 217
《寒斋苦茶序》 ……………………………………… 220
知堂先生《日本近三十年小说之发达》序………… 224
文人情怀……………………………………………… 230
—— 唐弢、梁思成、郑逸梅三家旧藏序
《颉颃楼旧藏潘飞声印谱序》 ……………………… 234
北堂善本书概述……………………………………… 236
“一千部”西文善本序 ……………………………… 261

序

范景中

二十世纪九十年代初，拓晓堂先生告别了工作在国家图书馆中的一群富有才华的学者，毅然进入拍卖界，担任嘉德国际拍卖公司古籍部总经理。二十多年来，他日行于京津沪广，夜飞于港台两洋，奋力推动着古籍拍卖业的发展，寓目、赏玩和审定了大量的图书名迹，已成为这一领域最引人注目的鉴定专家，他的眼睛尤其给人留下了深刻的印象。我们知道，鉴定家讲究好眼力，其仿佛有两只不凡的眼睛：一只注视着人，一只注视着物；一只去观察，一只去联想——而这双重的目光中有一个基本的元素，即庄子所谓的“有数存焉其间”的“数”。大凡人心的闪烁，想象的热情，传奇的清梦，以及所有伴随着各类故事的光彩，如此等等，无一不受“数”这一神秘之物的支配，用雨果的话说：它从二加二等于四开始，一直上升到神的霹雳的境界。鉴定的准确，其实也就是数的把握的准确；鉴定家就像庖丁，持刀捕捉的就是那个玄迷不定的数。拓先生对数的天生敏感，随着阅历的丰厚，锤炼得已游刃有余。同时，数也反映在业绩的表象上：他所经眼的古籍善本、编成各类图录者即有六十余本，而过手各类古籍、碑帖、印谱、名贤书札更是数已逾万。近日，他又结集了这部记录着中国古籍拍卖一段重要历史的著作，这不仅在版本学上具有贡献，再一次显示了有数存焉其间，而且无意间，也重新唤起了那个业已消逝的富有博雅修养的品味的一种表达。因之，我们读这本书，首先感谢作者把我们带入了一种令人炫目的文化环境。

这种文化环境，作者是从汉代长安的槐市讲起的，那是个读书人聚会、贸易、互易互市的地方，是中国书籍售卖的早期市场，《三辅黄图》对它有明确的记载。在此之前，书籍大概是非常珍奇的东西，没有为出版的编辑，没有商业性的复制和交换，它们被密藏在金匮石室，保存在神圣的地方。但有了槐市，就有了书籍的文化市场，也就意味着有了知识的传播，它让一本书具有了无限的文化意义。书籍史掀开了新画卷。

千年之下，拓先生的活动主要就是在这新画卷上染翰飞文。他的大手笔之作，例如顾氏过云楼藏书、潘重规先生藏书、陈寅恪先生藏书、季羡林先生藏书、王世襄先生藏书，每一笔都是一个大波澜，都是一个生动的传奇，都是数的起承转合。然而，作者在本书中却草草带过，即便那些使远隔重洋的翁万戈藏书、陈澄中藏书中的夏璜赵璧分别入藏上海图书馆和国家图书馆，使《隋人书出师颂》《钱镜塘藏明贤尺牍》分别入藏故宫博物院和上海博物馆的轰动社会的大举措，作者也都不在书中镗鞳声色。

也许，作者要经过玄霜绛雪，三步九迹，才会把这些重大的故事显示人间，所以才暂时不在这些大节段上肆意渲染的。他只是在这些大波澜卷起的一些珠玑上精加简裁，写为琬琰。我们看他考索“中字本”《春秋经传集解》，“破解七百年迷局”；看他补证《丁卯集》，谈论“天机不泄，人生难知”；看他在不那么煌煌的清抄本《鉴诫录》上搜奇品酌，写出令人耳目一新的文字，讲出引人入胜的故事，都不得不佩服作者的真灏妙绝。作者早年的历史学训练，让作者深知：There is properly no history,only story；没有历史，只有故事。他娓娓道来的就是一部书一部书的命运。他要把书籍的“数”定命运讲得人心欢喜。而所谓的“书话”，尽管言人人殊，尽管不能定义，我们却不妨把它看作：书话之为文体，乃是讲述书籍的故事，讲述书籍的命运，以及故事和命运背后隐藏的数。

这正是《槐市书话》的主题。作者的卓然才华，也正是讲述故事。他那直白的语言，直述故事的要义，却有着荡漾情节的韵律，又让人想起了雨果的话：“数在语言中表现为韵律，韵律是无限心灵的搏跳。”不论是讲述《两汉策要》那样的高古大作，还是《丹阳后集》卷十七的一张零叶，都是一段“明珠大贝不蓄于蓬葭之家，考其所藏，其来甚远”的传奇。让人不由得心被揪起，领略了古书流转的郁屈瑰奇的历史。

值得注意的是，作者关于“古腾堡圣经零叶”“一千部西文善本书”的故事就不仅仅是“书籍本身会制造和创造精彩的故事”，而是提出了一些令人深思的严肃问题。作者敏锐地指出中国活字印刷和西方活字印刷在工艺流程上的重大区别，既说明了中国活字为何难以普及的原因，又令人不禁遐想摇篮本时代西方印刷术所促成的文艺复兴运动。那是书籍创造的西方第一次科学文明，它的源头则指向地中海，指向雅典的书籍贸易市场，指向雅典的一个称作 Orchestra 的地方，它和中国的槐市有些相像。

书籍的买卖在西方曾经促进了“希腊奇迹”，促进了文艺复兴，它在中国是否促成过类似的知识的风起云涌，不得而知。但读读拓先生这部著作，我们也似乎能隐隐感受到，当代的书籍拍卖，尽管让人失去了船唇驴背、孤履危行、获其片楮、宝逾鸣珂、溉其寸膏、郁胜沉麝的访古之乐，却也照样唤起了世人的护古之情，在这电脑化的时代，也微微唤起了人们对书籍的依恋，毕竟：

我们的文明是书籍的文明：它的传统、它的本源、它的庄严、它的理智责任感、它的空前想象力、它的创造性、它对自由的理解和对自由的关注——这一切都以我们对书籍的热爱为基础，愿时尚、传媒和电脑永远不会破坏或者松弛我们对书籍的这种亲切的依恋！（卡尔·波普尔，《寻求更好的世界》）

自序

汉武帝时期设立太学之后，学生人数不断扩大，至成帝时已达数千，众多太学生聚集一地，扩大了对书籍的需求，于是在太学附近的槐树林里，逐渐形成了一个定期聚散书籍的市场，这就是槐市。槐市位于汉长安城东南，因其地多槐树而得名。据《三辅黄图》一书对“槐市”的记载：“王莽作宰衡时，建弟子舍万区……为博士舍三十区。东为常满仓，仓之北为槐市，列槐树数百行为隧，无墙屋，诸生朔望会此市，各持其郡所出货物及经传书记、笙磬乐器，相与买卖。雍容揖让，侃侃訚訚，或论议槐下。”可见槐市交易包括学生家乡的地方特产，更主要的还是书籍。读书人买卖书籍，彬彬有礼，谦让和谐。可以说槐市是最早的书籍交易市场，因而槐市又成为最早的书肆代名词。宋苏轼《次韵徐积》：“但见中年隐槐市，岂知平日赋兰台。”其中的典故“兰台”，是汉代官家藏书之地，“槐市”是书籍交易之地。

书籍交易之地是一个很奇妙的地方，书籍汇集于此，读书人也因好书而聚集于此。当年汉代的槐市，不仅有书籍的“雍容揖让”

交易，而且槐树林里没有汉官威仪，士人之间可以轻松自由地“侃侃訚訚，或论议槐下”，因此槐市又成为学术交流，思想交流的社会场所。或对书籍的版本优劣，或就书籍的学术观点侃侃而谈，议论纷纷，观点得以切磋，心得得以发扬。这些关于书籍的訚訚论议，就是书话。

回想起来，宋代词人徐积，是中年患疾失聪之后，迫于无奈，隐身槐市。我是一九九三年随着国家改革开放的一波经济大潮，离开了已经工作近八年的国家图书馆善本特藏部，加入中国嘉德国际拍卖有限公司，筹备和组织了按照国际标准进行的古籍拍卖专场，自此中国有了古籍拍卖平台。二十多年过去了，古籍拍卖已经成为整个古籍市场的主流经营模式。当今的古籍拍卖市场，就是两千年前“槐市”的延续和发展。所以说我是从高高在上的“兰台”，自甘到“槐市”，原本书生，自然在寻书访书、读书鉴定过程中与古籍版本学界，与藏书家有话要说，有文章要写。

在从事古籍拍卖工作的这二十多年里，走遍东西两洋，大江南北，采访古籍，手批目阅量数逾万，编成各类书目、图录六十余本。每遇孤本、善本，必一睹展读、细加研究琢磨，自然有所是正、有所考订，刻骨铭心，不能忘怀，于是多有文章，将自己的观点和看法介绍给学界和收藏界，汇集起来，是为“铭心绝品”篇。

在这二十多年里，每遇善本，展卷阅而闭卷思，内容多趣而发人深省，联系文史，常常有感而发，不书不快，多有文章，将自己的感想和意见与学界和收藏界交流，辑出部分，是为“阅书感想”篇。

在这二十多年里，所历各类藏书之家的古籍展览，或是古籍书目图录出版，不论是职业要求完成的任务，还是个人私交友情邀请，总是盛情，于是多有序跋文章，感念学界和收藏界知我者，汇集若干，是为“藏书集序”篇。

辑录我这些年部分侃书论书的文字，就是这本《槐市书话》的由来。

悠悠岁月，一晃即过矣。可是要将这么多年的经历和感悟，举重若轻，一一讲明白说清楚，只有在提笔写的时候才知道这有多难。尝读明人张岱《陶庵梦忆》，讲老人读书著文之苦：老年著文如指头掐字，掐得一个是一个，掐得不着时，只是白地。少年做文字，白眼看天，一篇现成文字挂在天上，顷刻下来，刷入纸上，一刷便完。老年如恶心呕吐，以手扼入齿哕处出之，出亦无多，总是渣秽。我觉得张岱所言极是，唯老年读书写字，有两条可以称道，一是读新书虽少，不及年少者，但人生感悟需要经历和时间，年少者不及；再者是夫子云，老年忌得，说的是老人对财物名誉患得患失，是为大忌，切不可贪得。此“得”并非指的是心得，老人若可放得下身外名物，超脱名利人事，所道心得，亦将干净真实，是谓老到。如此一来，最后还是回到一个原则，那就是秉笔直书，平心而论。说出来不算，写下来才是有胆量，才是敢于担当负责，才见真诚。

人在写，老天在看。

铭心绝品

荀斋旧藏宋刻《五灯会元》叙

中国人自古以来，在社会生活中就有许多睿智的名言，比如“家丑不（可）外扬”“看（见）风使舵”“放下屠刀，立地成佛”“家贼难防”等。这些名言，鲜有人去考知其来源，多会以为出自中国传统的儒家思想、道家观念的著述，实则差矣，它是来自于宋代以后历朝士人官宦人家，几乎无家不有的一部释家禅宗重要著作中的禅语，影响到世俗生活之后，逐步演化为流行的名言。这部著作就是在中国文学史和文化史中具有重要地位和影响的《五灯会元》。

何为“灯”？世俗所谓的灯，就是发光体，能除暗导向，给人带来光明，指引前行方向。而禅语之中的灯，就是禅宗大师的智慧，以心传心，点拨心智，以令学禅者参领顿悟“禅语”。它包括隐语、甚至是某种人体动作，所谓释迦牟尼“以手拈花”，就是起源。也有人将此描述为打哑谜，就是禅宗大师通过语言、行为，展现出的禅宗思

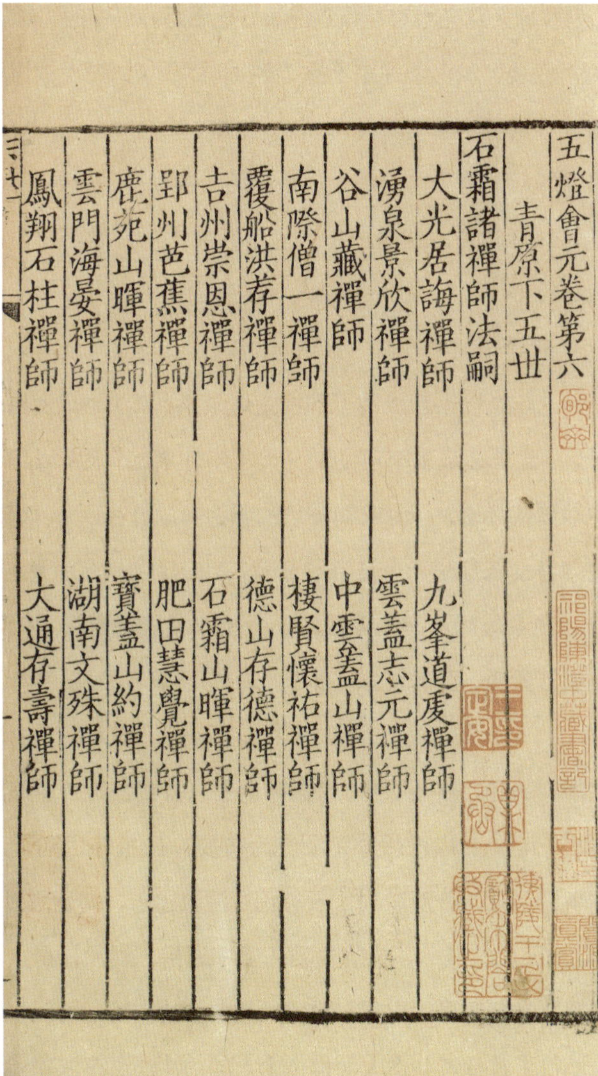

五燈會元卷第六

青原下五世

石霜諸禪師法嗣

大光居誨禪師　九峯道虔禪師

湧泉景欣禪師　雲蓋志元禪師

谷山藏禪師　中雲蓋山禪師

南際僧一禪師　棲賢懷祐禪師

覆船洪荐禪師　德山存德禪師

吉州崇恩禪師　石霜山暉禪師

郢州芭蕉禪師　肥田慧覺禪師

鹿苑山暉禪師　寶蓋山約禪師

雲門海晏禪師　湖南文殊禪師

鳳翔石柱禪師　大通存壽禪師

宋宝祐刻本《五灯会元》

想智慧，为参禅人点亮心智，指点迷津。这就是禅语中的“灯”。

何为“灯录”？由于禅宗不重读经，讲求“心觅”“顿悟成佛”，重在参悟大师的禅语禅行。所以禅宗一派注重禅师言行的记录，每一位大德禅师，都是一盏明灯，一系列的大德禅师，就是一组明灯，灯灯相继，灯灯相传，这些禅宗大师串联起来的智慧历史，就是记录这些明灯的“灯录”，就是禅宗大师智慧的历史。

何为“五灯”？“五灯”系指自北宋景德年间，至南宋嘉泰二年（一二〇二年）以来形成的五部禅宗灯录：北宋法眼宗道原的《景德传灯录》；北宋临济宗李遵勖的《天圣广灯录》；北宋云门宗惟白的《建中靖国续灯录》；南宋临济宗悟明的《联灯会要》；南宋云门宗正受的《嘉泰普灯录》。这五种灯录，计一百五十卷，卷帙浩繁，重复零碎，颇难兼阅。南宋淳祐年间，杭州灵隐寺普济和尚，就此五灯录，删繁就简，分家立宗，编成二十卷，取名《五灯会元》。普济禅师（一一七九年至一二五三年），俗姓张，号大川，浙江奉化人，历住浙南诸寺，终于灵隐。《四库全书总目》评价普济编辑此书“是书删掇精英，去其冗杂，叙录较为简要，虽机缘语句，悉见采摭。而其考论宗系，分篇胪列，于释氏之源流本末，亦指掌了然”。

《五灯会元》编成后，内容简洁，文字通俗，纲领易得，尤其是其闪烁着智慧光芒的思维方式、雅致风趣的表达技巧、贴近生活的文学艺术，博得了参禅者、僧人和世俗士人的关注，迅速取代了以前的各种灯录，成为宋以前各种灯录的集大成著作，而前五种灯录渐少流通。在《五灯会元》编成后，由王槦序言、普济禅师题词，安吉州武康县崇仁乡山里正信弟子沈净明，于宝祐元年爰竭己资，及募同志，选工刻梓，用广流通。这就是《五灯会元》的第一个刻本，南宋宝祐本。此本刻印流通后，影响甚广，中国元朝、明朝，日本五山寺皆有翻刻，帮助释家禅宗一派扩大了影响，推动了其发展。

宋刻本《五灯会元》流传至清末，七百余年，中土竟然已无全本存世，仅存残本一部。目前基于公私目录著录者存有三部。其中全本仅存一部，现存中国国家图书馆，此书为清末杨守敬自东瀛携回，内钤日人及杨守敬印记。而另外两部，实为中土仅存的一部残本，由于种种原因，现又分成两部。一为中国国家图书馆藏本，存一至五卷；另一为元雨轩藏，存六至十卷。考国家图书馆存残本，与元雨轩存残本，均有释氏明渐、阆源真赏、汪印士钟、王印安定等收藏印记。中国国家图书馆藏本内有寒云珍藏秘籍之印，并有袁克文题跋，称："五灯会元宋刊残本，艺云书舍宋元本子部释家，宋本五灯会元存一……十卷。《经籍访书志》有宋宝祐本《五灯会元》零本，十三行二十四字，存三卷。乙卯四月初十日晨起记于倦绣室。寒云。"元雨轩本函套封面签条上有袁克文题书签："五灯会元　寒云裁唐硬黄纸并题。"由此可知国家图书馆藏残本与元雨轩藏残本原为同一部书，前者为上函，后者为下函，分存两处而已。查国家图书馆和元雨轩藏《五灯会元》，南宋淳祐刻本，框高二十二点二厘米，宽十五点六厘米，半叶十三行，行廿四字，细黑口，左右双边，单鱼尾。书口上记字数，下有刻工郑恭、钱良、王昉、王锡、叶椿生（以上见国图藏本）、俞斌（见元雨轩藏本）等。考《宋元明刻工表》，郑恭曾经参与刊刻朱熹撰《诗集传》，南宋末刻本；王锡曾经参与刊刻真德秀《心经》，宋瑞平年间（一二三四年至一二三六年）郡学刻本。另有叶椿年曾经参与刊刻宋宝祐五年《通鉴纪事本末》赵与篡刻本，与此本内刻工叶椿生当为本家兄弟。刻工可考者，皆属南宋末淳祐年间的刻工名手，与沈净明书跋所称“选工刻梓”，可以印证。书中阙笔避讳字为玄、恒、贞、慎等，避讳甚为严格。

又此残本清嘉道时期为著名藏书家汪士钟收藏，民国初年归袁世凯第二子、号为京城四公子之一的袁克文（寒云）收藏，为两函十卷，此乃中国大陆传承流传下来仅存的一部残本。正因如此，虽系残本，汪士钟、袁寒云依旧看重。此本后转归沪上荀斋陈澄中收藏。一九四九年陈澄中夫妇迁居香港，此书随行。至二十世纪五十年代初，陈澄中第一次售书，时任中华人民共和国文化部文物局局长的郑振铎先生闻之后，会同版本专家徐森玉、赵万里等审定，通过香港《大公报》费彝民社长、香港收藏家徐伯郊具体洽商，于一九五五年成功购回荀斋所藏的第一批善本书籍，共计一百二十六种，其中包括此宋刻本《五灯会元》上函，卷一至五。现收藏于中国国家图书馆古籍馆。一九六三年陈澄中第二次售书时，时任文化部副部长的郑振铎先生已经因公殉职，继任国家文物局局长的王冶秋先生，也是一位具有真知灼见的古籍版本专家，深知荀斋藏书的品级重量，遂转呈报告国务院总理周恩来，在总理的直接布置下，筹集巨款，再次从香港购回荀斋所藏古籍善本碑帖计二十五种。其中未见宋刻本《五灯会元》下函卷六至十的踪迹。一九八〇年陈澄中先生夫人叶爱锦，通过长女陈国瑛、女婿刘潔敖，将荀斋遗留在上海的藏书六百七十六部，捐赠上海图书馆。其中亦未见此宋本《五灯会元》下函踪迹。

余廿年前曾就职中国国家图书馆，撰写荀斋旧藏宋蜀刻本《丁卯集》《权载之文集》跋，深悉荀斋藏书回归故事，并知悉荀斋藏书的分量。至一九九五年，在香港初次征集得荀斋旧藏的宋刻本《文苑英华》、明刻本黄丕烈跋《铁崖先生古乐府》，付之是年中国嘉德古籍拍卖专场拍卖。是后，苦苦访寻荀斋踪迹近十年，终在二〇〇四年，闻知荀斋后人在美国的下落。通过关系随即赴美，先后与荀斋陈澄中先生的幼子陈国琅、女儿陈国瑾取得联系。在陈国瑾女士家中，见到了此宋刻本《五灯会元》下函卷六至十，甚为诧异，为何上函卷一至五在国内，而下函卷六至十在此，两厢分离。询诸陈氏姐弟，未得其解。只能推测，因陈澄中先生分次售书，其中难免有所遗漏，导致上函售予国家，而此下函阴差阳错，被遗漏了。之后，一九六七年陈澄中先生再次移居美国时，将此函携往美国，形成了上下两函分隔两地保存的现状。

二〇〇四年余将陈国琅先生收藏的二十四种古籍善本转归国家之后，于二〇〇五年会同中国国家图书馆、上海图书馆编撰《祁阳陈澄中旧藏善本古籍图录》，就已经明确著录此本与中国国家图书馆所藏为同一部书。该书提要中说道：“此书当与美国陈国瑾女士所藏之卷六至卷十为同一部书，为陈清华售书时所遗，致上、下函分离，望日后能合璧成完帙。”二○○七年，余有幸先后将陈国瑾女士收藏的部分藏书携回国内，付之拍卖。其中包括宋刻本《五灯会元》。元雨轩主人慧眼独具，将是书收入囊中。二○○九年元雨轩主人将此书申报第二批《国家珍贵古籍名录》，此书刻工精良、初刻初印、名家递藏、品相上佳、流传稀见，被确定为国家一级文物。二○一○年此书参加文化部、国家图书馆（国家古籍保护中心）承办的第三届“国家珍贵古籍特展”，累获殊荣，成为尚在民间实不易见、不易得的名品了。

《五灯会元》讲的是灯灯相传，光明不断，而微妙的是其中的机缘，那是要悟性、灵性的高人方能顿悟的，未知何人能悟此新的机缘，书书相传，渊源相继，再成一段传奇书籍的故事。禅宗讲求的一段美妙的故事，说的是释迦牟尼在灵山会上，用手拈起一朵花，众人不解何故何意，唯有弟子大迦叶笑了。就是在这一刹那，大迦叶参悟了，而佛祖通过拈花动作完成了“以心传心”的传法过程。而余为俗人，写了如此叙文，亦未知是否清楚表达了意思，也许有慧根的藏书者，一睹、一翻、一摸此原书，即可莞尔一笑，有所大悟。

劳权抄本《松雨轩集》叙

明初大规模谪戍文人是一个重要的政治现象。谪戍文人处边陲经济文化蛮荒之地，命运多舛，文学诗歌创作，受到地域的局限，不独影响传播受限，更甚者为时事所泯灭。后世的清季学者素重整理国故，钩沉明初谪戍文人史料。明初诗人平显及其《松雨轩集》就是其中一例。

平显，字仲微，钱塘人。其生卒年均不详，大约元末明初前后在世。据《明史》《杭州府志》的简略记载，只知道其明洪武初，曾经任广西藤县令，谪戍云南。为诗豪放，云南诗人称“平、居、陈、郭”，平显位居第一。有《松雨轩集》八卷。对于这样一位跨越元明两朝的人，《四库未收书目》称“元平显”，而《明史》文苑传亦收录。至于沐昂编明初诗集《沧海遗珠》、钱谦益《列朝诗集小传》、朱彝尊《明诗综》《浙江通志》《广西通志》《云南通志》《千顷堂书目》

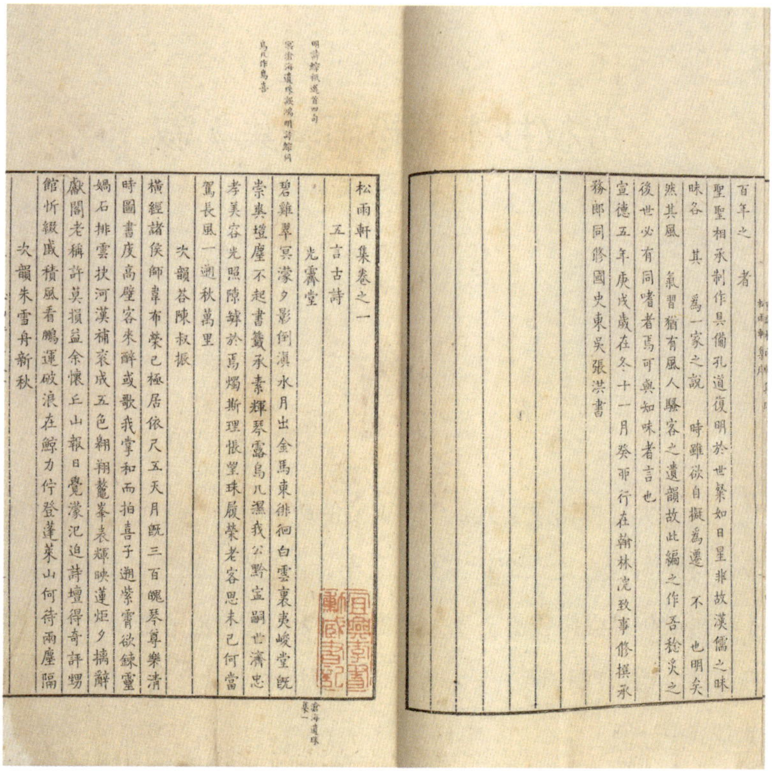
百年之者
聖聖相承制作具備孔道復明於世粲如日星非故漢儒之昧
昧各其爲一家之說時雖欲自擬爲遷不也明矣
然其風氣習猶有風人騷客之遺韻故此編之作吾稔矣之
後世必有同嗜者焉可與知味者言也
宣德五年庚戌歲在冬十一月癸卯行在翰林院致事修撰承
務郎同修國史東吳張洪書

松雨軒集卷之一
五言古詩
光霽堂
碧雞翠冥濛夕影倒滇水月出金馬東徘徊白雲裏爽峻堂既
崇奧壇塵不起書籤承素輝琴露烏几濕我公黔宣嗣世濟忠
孝美容光照隙蟒於焉燭斯理悵望珠履榮老客思未已何當
駕長風一週秋萬里
次韻答陳叔振
橫經諸侯邸韋布榮已極居依尺五天月旣三百魄琴尊樂清
時圖書庋高壁客來醉或歌我掌和而拍喜子週紫霄欲鍊靈
媧石排雲扶河漢補衮成五色翱翔鸞峯表輝映蓮炬夕摛辭
獻閣老稱許莫損益余懷丘山報日覺濛汜迫詩壇得奇評甥
館忻綴戚積風香鵬運破浪在鯨力佇登蓬萊山何待兩塵隔
次韻朱雪舟新秋

清劳氏丹铅精舍抄本《松雨轩集》

所论平显籍贯、生平皆与上述诸家所言雷同，别无新资料可陈。现在所知道的平显生平事迹，大都是从其诗集叙事中得知的，正因如此，《松雨轩集》受到后世的格外关注。

平显的诗，浪漫抒情者少，多为陈事。故四库评曰：“今观其诗，及风土之异同，道途之隘塞，以及友朋之离合，悉见于篇。”然其居滇二十余年，诗名在外，为当地所重。在明初谪戍滇省文人群体中，平显最为著名。据《云南通志》载："西平侯沐英请于朝，除伍籍，为塾宾。"说的是西平侯沐英延请平显做家庭教师和幕僚。故平显与沐府关系极为密切。沐英去世后，其长子沐春继任，惜英年早逝。次子沐晟于建文元年继任，三子沐昂佐任。沐晟、沐昂兄弟与平显相交尤深。平显诗集中有多首谢赠之作，如谢赠居所，谢赠羊、谢赠鱼，谢赠毡衫等，可见平显极得沐府看重。故沐昂编明初诗集《沧海遗珠》录明初诗人二十一家中，选平显诗十九首，视之为明初谪滇诗人中重要一家。景泰元年平显之子平宣刻印《松雨轩集》，请云南按察司按察使柯暹撰序，是为平显《松雨轩集》的第一个刻本，印行于世。

由于此初本刻于滇南，"世远地阻，传者益寡"，于是平显裔孙"惧遂湮泯，谋重刻以传"。事实上《松雨轩集》的第一个刻本已经失传了，现在所知的是明嘉靖十九年重刻本。《丛书集成续编》据嘉靖本影印。然而，今查《中国古籍善本总目》和台湾"中央"图书馆编《国家图书馆善本书志初稿》，均无嘉靖重刻本《松雨轩集》的著录。现公藏目录未见著录，当是定论。

目前平显《松雨轩集》见著录者，均为清代抄本。其中最为著名的就是仁和劳权抄本。劳权，字巽卿，号丹铅生，又号饮香词隐，浙江杭州塘栖镇人，清代诸生。其父劳经源喜蓄书，藏书楼曰"丹铅精舍"。劳权精校勘之学。清季以来，吴昌绶、易大厂、朱祖谋诸家辑刻宋元词，多取劳权抄本校本。至唐圭璋辑《全宋词》等其祖本为劳权校定者有数十种之多。其抄校本传世甚多，除抄写字迹极工外，所抄底本，多为稀见之本。故今人视劳氏抄本，与明末清初毛氏汲古阁抄本并重，世称“劳抄”，目为善本。国家文物定级标准将劳氏抄本定为一级文物。

劳抄本《松雨轩集》，现存两部。一为元雨轩藏袁克文题跋本，另一为台湾“中央”图书馆藏邓邦述题跋本。元雨轩本，咸丰壬子年（一八五二年）劳权抄本（台湾“中央”图书馆著录为咸丰丁巳一八五七年），两册。内有藏书印记：皕宋藏书、寒云秘籍珍藏之印、克文私印、梅真、刘好、佩双印斋、宜兴李书勋藏书印、祁阳陈澄中藏书记。卷一扉页有皇二子袁克文题记称：“明平显松雨轩集 清劳巽卿手钞本，以何道州书画聚头及手钞文稿二册易自张庾楼妹婿。克文题拜记。”卷五后有题记又云：“乙卯上已前二日无咎赠寒云记于倦绣室。”考民国乙卯，为一九一五年。全书卷末有题记云：“戊辰二月又尘得于天津市上。七十二沽春水初涨时也。”考民国戊辰，为一九二八年。故此书流传大抵如下：首藏归张庾楼，此人一九四八年前后尚在故宫博物院工作，再转入袁克文。一九二八年此书流入天津肆上，最后归祁阳陈澄中。另民国间，北平琉璃厂文禄堂书铺主人王文进于《文禄堂访书记》中著录袁克文题跋本劳抄《松雨轩集》，即是此本。二〇〇七年余从美国将此书携回国内，付之中国嘉德古籍拍卖专场拍卖，为元雨轩主人所得。此书在二〇〇九年中国国家古籍保护中心、中国国家图书馆出版的《第二批国家珍贵古籍善本名录图录》中收录，被定为国家一级文物，并获国务院文化部证书。

此外，邓邦述本，今存台湾“中央”图书馆，有“群碧楼”藏书印，为邓邦述题跋旧藏。此两部书略有区别：

一、两书都有眉批，元雨轩本眉批有两次校注，一为楷书者，系劳权过录鲍廷博批校，另一草书以粘纸条形式的眉批，当为劳权批校，而台湾“中央”图书馆邓邦述本没有草书校注。由于劳氏校注草书极草，且以另纸粘上，似为校注功课底本。

二、两书都有校字，然元雨轩本明显可见三改。一为雌黄，应为抄写时修改，于雌黄上重新写过；另一色为朱笔，对抄写后的文字再行校改。另外还有少量的挖改。

三、元雨轩藏本与邓邦述藏跋本两书文字略有差异，如卷二后巽卿题记元雨轩本作“……构一亭子，署名沤喜轩，窗临水，致饶佳趣。西风乍起……”王文进《文禄堂访书记》将“窗”字记为“因”字，查此本窗字为异体字，作“囱”，字形极似“因”字，为王氏误录。元雨轩本“秋风乍起”，邓邦述本作“秋风渐生”。细观元雨轩本“乍起”为挖补修改。而吴昌绶辑二劳题跋等汇为《劳氏碎金》三卷，以活字版印行。《劳氏碎金》作“秋风□□”。何故？余以为吴氏曾见此两本劳抄本，无法定夺，遂留阙如。此系一段百年前遗留下来的未解公案。由此可证，元雨轩本、邓邦述本均为劳氏抄本，至少在吴昌绶编辑《劳氏碎金》之时，仍保存在劳氏后人手中。

四、邓邦述藏跋本卷八后有："咸丰壬子仲冬望，灯下劳权校毕并识。"卷末非常明白地记有："咸丰丁巳冬丹铅精舍重录。"查元雨轩本无此题记。故邓邦述藏跋本之前必有壬子校本，此本为丁巳重录本。

邓邦述在题跋称："此书八卷皆巽卿蝇头工楷所写成，每卷皆有题识……余在京师别见一本，比此完善，亦劳氏手钞，行款字体相同，惜未记为何人所书或季言与兄各录一本，或巽卿重录一本，皆不可知。"由以上所述可知，现存两部劳抄《松雨轩集》，并非劳权、劳格兄弟各录一本，而是劳权有重录之本。邓氏所见更为"完善"之本，此言非单指抄写字迹，应有内容差异，元雨轩本不仅为劳权壬子先抄底本，且两校三改，堪当为"完善"者也。而邓邦述藏跋本为丁巳劳权重录本。由是所论，此元雨轩劳钞本《松雨轩集》定为国家一级文物，无误无过。

破解七百年的迷局

——蜀刻中字本《春秋经传集解》

元朝初年（十三世纪）相台岳氏撰刻《九经三传沿革例》，其中关于宋刻群经本《春秋经传集解》（以下简称《春秋》）的版本罗列有“京师大字旧本、绍兴初监本、监中见行本、蜀大字旧本、蜀学重刻大字本、中字本，又中字有句读附音”。此后至今七百余年间，关于蜀刻中字群经本《春秋》，学术界、收藏界没有任何记录和研究，成为一段难以破解的迷局。

一九九七年，一部毛氏汲古阁旧藏，徐乾学、季振宜递藏的《春秋经传集解》（参见中国嘉德一九九八年秋《古籍善本拍卖专场图录》Lot628）惊现于古籍拍卖市场，引起各方关注，一时关于此本的版本问题众说纷纭，莫衷一是。关于此书版本，曾与多方交换意见，傅熹年先生以为宋蜀刻大字本，国家图书馆赵前先生以为宋

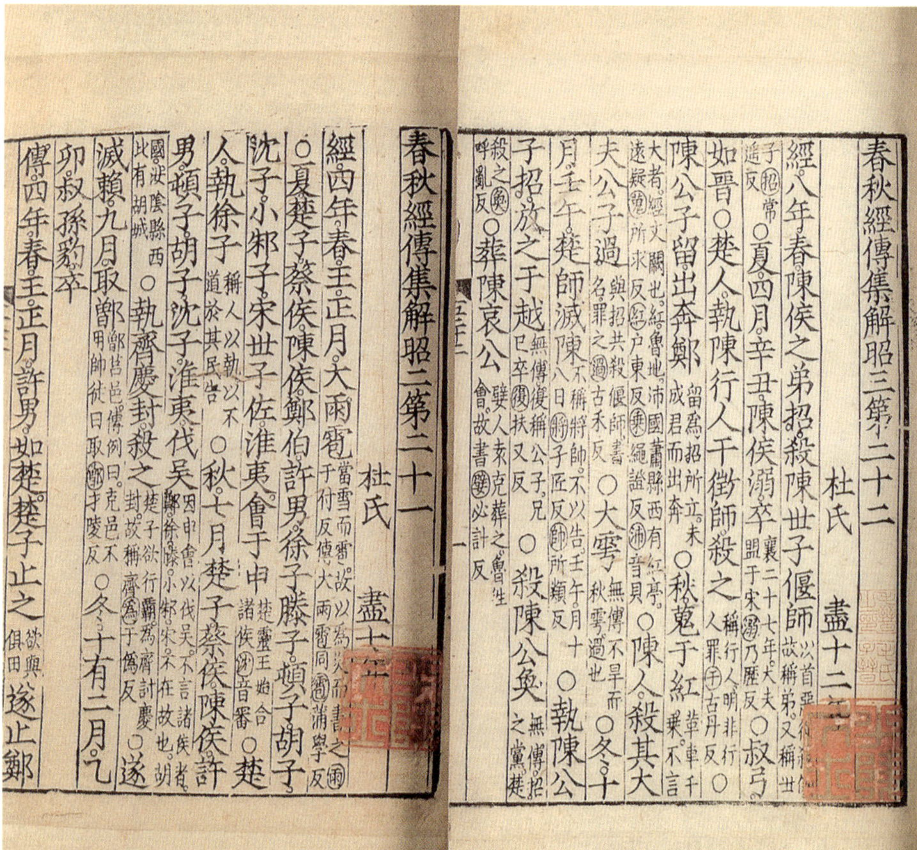

春秋經傳集解昭三第二十二　杜氏　盡十二年

經八年春陳侯之弟招殺陳世子偃師（以首惡故稱弟又稱世子招常遥反）○夏四月辛丑陳侯溺卒（襄二十七年大夫盟于宋溺乃歷反）○叔弓如晉○楚人執陳行人干徵師殺之（稱行人明非行人罪干古丹反）○陳公子留出奔鄭（留為招所立未成君而出奔）○秋蒐于紅（革車千乘不言大者經文闕也紅魯地沛國蕭縣西有紅亭蒐所求反紅户東反）○陳人殺其大夫公子過（與招共殺偃師書名罪之過古禾反）○大雩（無傳不旱而秋雩過也）○冬十月壬午楚師滅陳（不稱將帥不以告壬午月十八日將子匠反帥所類反）○執陳公子招放之于越（無傳復稱公子兄已卒復扶又反）○殺陳公奐（無傳招之黨楚殺之奐呼亂反）○葬陳哀公（嬖人袁克葬之魯往會故書葬必計反）

春秋經傳集解昭二第二十一　杜氏　盡七年

經四年春王正月大雨雹（當雪而雹故以為災而書之雹蒲學反）○夏楚子蔡侯陳侯鄭伯許男徐子滕子頓子胡子沈子小邾子宋世子佐淮夷會于申（楚靈王始合諸侯申音審）○楚人執徐子（稱人以執不以不道於其民告）○秋七月楚子蔡侯陳侯許男頓子胡子沈子淮夷伐吴（因申會以伐吴不言諸侯者鄭徐滕小邾宋不在故也胡國汝陰縣西北有胡城）○執齊慶封殺之（楚子欲行霸討慶封故稱齊為于偽反）○遂滅賴○九月取鄫（鄫莒邑傳例曰克邑不用師徒曰取鄫才陵反）○冬十有二月乙卯叔孫豹卒

傳四年春王正月許男如楚楚子止之（欲與俱田）遂止鄭

宋蜀刻中字群经本《春秋经传集解》

刻本，其他以为明刻本。为了彻底搞清此本的版本问题，几年来经过多种方法，多种比较，初步得出了一个令人兴奋的结论，此本正是自《九经三传沿革例》著录之后，七百年来学术界、收藏界苦苦觅求的宋蜀刻中字群经本《春秋》。

根据此书中的避讳字来判断年代。书中避讳极为严格，匡、玄、敬、竟、殷、泓、征、让、桓、构均缺末笔避讳，“慎”字不避讳，可以确定避讳最后一字为宋高宗赵构的“构”字，年代为一一二七年至一一六二年。为了进一步确定此本的印刷年代，一九九九年我们将此书的纸样，送往美国亚利桑那大学同位素碳十四测定实验室，通过两次实验之后的测试报告表明，此本的纸张年代为距今八百九十五年正负加减四十五年（参考值为一〇四〇年至一二一三年，准确度为百分之六十八；一〇二九年至一二二四年，准确度为百分之九十五。这两个参考年代的中心均为一一二六年），这与书中的避讳字所反映的年代完全吻合。因此可以断定此本为北宋末年南宋初年的刻本，当属无误。

此本《春秋》的版刻风格与宋代浙江刻本、福建刻本、山西平水刻本及江西刻本等版刻风格不同，初以为怪异，如书口的鱼尾，此本多作“山”字形状，与上述诸地方刻本中刻书的书口鱼尾习惯雕刻方法完全不同。这个极为罕见的、具有特征意义的现象，我们通过比较现存的宋本蜀刻唐人集，在《孙可之文集》《权载之文集》《张文昌文集》之中，赫然见到与此本完全相同的书口鱼尾，因此可以判定此书具有典型的、独具的宋蜀刻本风格。

此本《春秋》的行款，为半叶十一行，行二十字。参考我们已经知道的两宋时期四川地区刻书，蜀刻本前后可以分为两个体系，一是在北宋到南宋初年的唐人集，如《骆宾王文集》《李太白文集》等均为半叶十一行，行二十字。另一是南宋中叶的蜀刻唐人集，如《孟东野文集》《新刊权载之文集》《许用晦文集》等皆为十二行，行二十一字。所以，此本《春秋》的行款与蜀刻唐人集的前一个体系相符合，正是北宋末年南宋初年蜀刻本的标准行款体系。

为了进一步研究此本《春秋》的刻书地，我们统计了此本中的刻工，有“莫”“樊”“祖大”“祖二”等，通过查找，发现台北故宫藏宋蜀刻本《新刊唐昌黎先生论语笔解》的刻工，有“祖六”等。这些刻工名字虽无完全一致，但考虑到中国古代刻书的刻工往往具有特定的地域性和家族性，两者互相联系，“祖大”“祖二”“祖六”，就并非偶然了，可以确定“祖”姓是宋蜀地的刻工家族，我们在宋代其他地区的刻工中，尚未发现有其他家族性的“祖”姓刻工。这种地域性的、家族性的刻工，进一步表明了此本《春秋》的刻书地域正是四川地区。

最后的问题是此本究竟是蜀刻本《春秋》的哪一个刻本呢？我们通过文献的记载，即《九经三传沿革例》的说法可知，所谓群经本有蜀刻大字旧本、蜀学重刻大字本与蜀刻中字本，行文中特地说明了蜀刻“中字有句读附音”，而此本《春秋》内正有句读附音，实物与有关中字本文字记载的特点完全一致，由此可以断定此本《春秋》必是中字群经本无疑。否则，无法解释“中字有句读附音”的定语。

此本《春秋》可以认定为蜀刻中字群经的孤本，按《九经三传沿革例》所记载，它是最早的带句读附音本。此后在版本上又有廖氏、相台岳氏刻群经本，也带有句读附音，其中是否与此有版本源流的关系，我们尚未研究，但这无疑已经给我们提出了一个更有意思的课题。

上述的实物及其研究结果表明，此本《春秋》正是宋高宗时期蜀刻中字群经本《春秋经传集解》，从而也揭开了自《九经三传沿革例》以来七百余年未曾破解的关于宋蜀刻中字群经本《春秋》的迷局。

从此本《春秋》内的收藏印鉴可以看出，它在明末清初为虞山著名藏书家毛晋汲古阁旧藏，且从书的天地接纸装帧方法看，也是毛氏特点，仍是毛家原装。但是毛家的密本书目，以及而后三百多年间清代诸公私家书目，均没有关于此本《春秋》的著录，可称海内外孤本。我们最初见到此本《春秋》时，已经有缺失，后来又有散落。嘉德公司现又征集到此本《春秋》一册，为前些年散出者之一，付之二〇〇四年春拍卖，虽不免有孤燕单飞之憾，却仍有报讯春晓之幸。毫无疑问，此本《春秋》从版本学研究的意义上，弥补了中国古籍版本中的一个重大空白，从文物角度是八百余年来仅见孤本的重大发现，基于这两点，这无疑将是十年来出现在中国文物艺术品拍卖市场上最重要的文物文献典籍。

元茶陵桂山书院刻本《孔丛子》叙录

余事中国古籍拍卖已逾廿年矣。历数四十余场古籍拍卖，过手清宫乾隆天禄琳琅藏书二十余种，若宋本《周易本义》《后村居士集》、元本《昌黎先生集》、明本《东莱先生东汉博议》《唐文粹》、清本《佩觿》《帝学》《尚书》等，友人曾叹称二十年间市场所见天禄琳琅藏书，大半出自余手，斯言无差。然余常感慨，过手天禄旧藏除明清刻本有全本外，宋元刻本则皆为残本，孜孜以求二十年，知天下天禄旧藏宋元全本得见者实为不易。

事实上，余曾在二〇〇〇年前后，两赴津门，于一收藏旧家处得见天禄旧藏元刻本《孔丛子》七卷全帙，六七百年前之物，保存完整，名家收藏，清宫装帧，触之心惊，观之嘘嘘，不禁观止之叹。惜藏家暂无出手之意，唯眼福而已。十余年心存惦记，今竟送至门下，列入今秋中国嘉德古籍拍卖专场，可谓苍天恩泽厚被。

孔鲋撰、宋咸注《孔丛子》七卷，元茶陵桂山书院刻本，六册。书框高十五厘米，半叶宽十一点五厘米，半叶十行，行十七字小字双行同，左右双边细黑口，书口下间有字数。此书清季乾隆嘉庆间曾著录于大内藏书目《天禄琳琅书目续编》卷十，列为元版子部儒家类。著录云：《孔丛子》一函六册。“前有（宋）咸序，及嘉祐三年进书表，四年谢赐金紫表，后有后序，末墨记茶陵桂山书院校正版行。泰兴季氏藏本，余无考。”内有收藏印记：季振宜藏书、古吴钱氏家藏之宝、章氏伯玉、天禄琳琅、天禄继鉴、乾隆御览之宝、五福五代堂宝、八征耄念之宝、古玺天子之宝。知此书清初为著名藏书家季振宜所藏，后归清宫乾隆天禄琳琅。民初叶德辉《书林清话》卷四，依据《天禄琳琅书目后编》著录。然窃以为叶氏也是并未曾眼见实物，仅依书目著录而已。

民国十二年，溥仪出宫前以赏赐溥杰之名，陆续将宫中文物古籍书画盗出。据《溥仪赏赐溥杰书画古籍目录》，知此书于民国十二年九月，为溥仪赏赐出宫，是后再无经见著录文字。想为一九四五年八月日本战败，溥仪仓皇逃离长春伪皇宫，小白楼内所存剩余文物遭到哄抢，此书自此流落民间，捻指算来，几近六十年矣。在此期间，长春伪皇宫中散出文物，皆称人间文物至宝，谓之“长春货”，素为民间和国家收藏所重。对于长春散出文物的回收与散佚状况，学界研究亦异常关注。书画方面有前辈杨仁恺先生《国宝沉浮录》专题考证，古籍善本方面近年有刘蔷先生《天禄琳琅研究》专题考证。此书位列尚不知下落者，近太半世纪流传无踪可觅，学界藏书界多年仅以大内藏书目得知曾有此本，而无缘得见已久，而今忽出于世，实令人感叹幸甚幸甚。

此本首有宋嘉祐四年（一〇五九年）宋咸《注孔丛子序》，即刻书表。卷首下有阴文刻“经进监本”字样，知此本底本依据宋代监本传刻。卷尾有单行阴文刻书牌记“茶陵桂山书院校正板行”字样，又知此本为元湖南茶陵桂山书院刻本。

茶陵，地处湖南东部，今隶株洲市，北抵长沙，南通广东，西屏

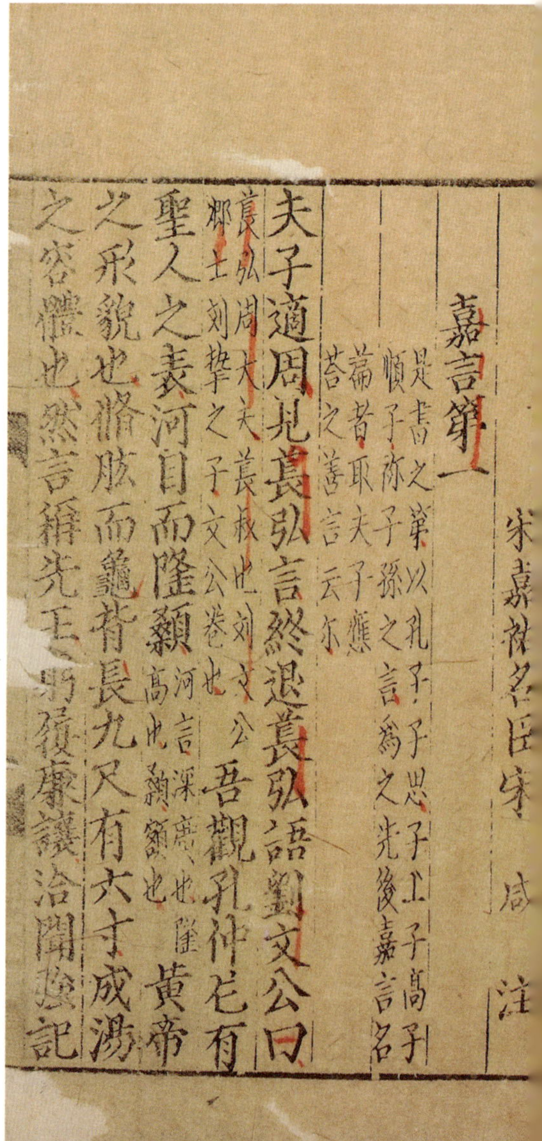
宋嘉祐名臣宋咸注

嘉言第一

是書之篇以孔子子思子上子高子順子亦子孫之言爲之先後嘉言名篇者取夫子之善言云尔

夫子適周見萇弘言終退萇弘語劉文公曰萇弘周大夫萇叔也劉文公鄉士劉摯之子文公卷也吾觀孔仲尼有聖人之表河目而隆顙河言深廣也顙隆高也額也黃帝之形貌也脩肱而龜背長九尺有六寸成湯之容體也然言稱先王躬履謙讓洽聞強記

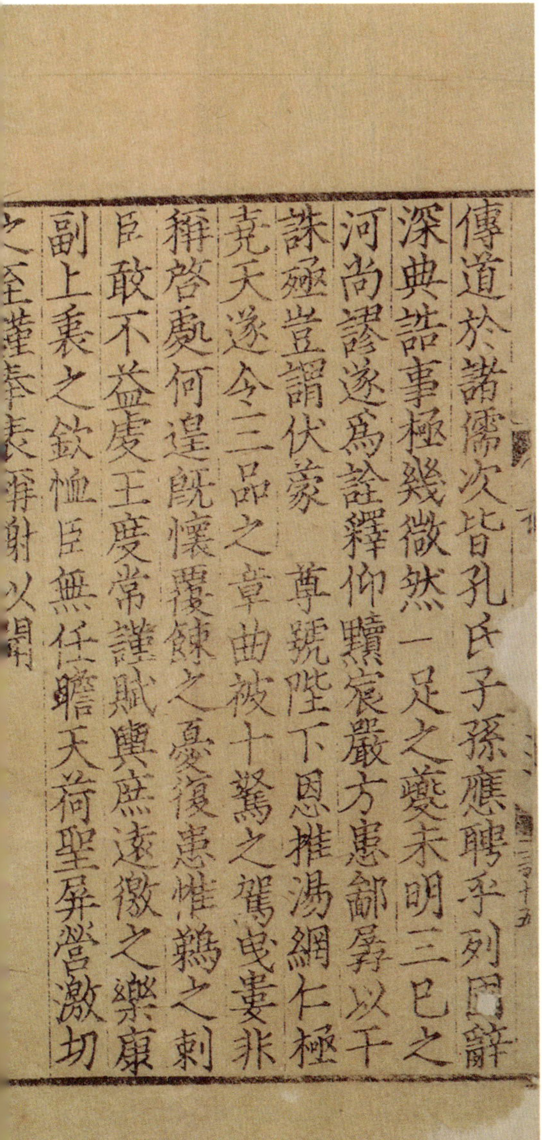
傳道於諸儒次皆孔氏子孫應聘乎列國辭
深典誥事極幾微然一足之夔末明三已之
河尚謬遂爲詮釋仰贖宸嚴方患鄙劣以干
誅殛豈謂伏蒙　尊號陛下恩推湯網仁極
堯天遂令三品之章曲被十駑之駕曳裹非
稱啓處何遑既懷覆餗之憂復患惟鵜之刺
臣敢不益虔王度常謹賦輿庶遠徼之樂康
副上襄之欽恤臣無任瞻天荷聖屏營激切
之至謹奉表稱謝以聞

元茶陵桂山书院刻本《孔丛子》

衡阳，东邻江西吉安，人称“吴头楚尾”，为三省交界。境内千山叠翠，流水江清，地虽偏僻，却为避祸耕读世外宝地。自唐以后，茶陵即为北人南迁的重要门户。南迁的北方士族定居土断后，兴办私塾、书院，通过勤耕苦读走出大山，进入上层社会。耕读文化成为茶陵宋元明清的特色。故宋以后茶陵名宦学者代不乏人。仅有明一朝，就有刘三吾、李东阳、张治、彭维新四大学士，而以百计进士及第者则不遑多论。明季华盖殿大学士李东阳受茶陵耕读文化的影响，开创了“茶陵诗派”，创作了大量的现实主义作品，对中国历史文化产生了重大影响。耕读文化兴盛，创办学堂书院是基本标志。茶陵书院自宋至清代共办有三十二所，在湖南名列前茅。元代李祁在《学校记》中称：“茶陵学校于湖南为盛。”宋代居湖南第三，元代居第二，清代居首位。

茶陵元代书院首推东山书院，元大德七年（一三〇三年）陈仁子创办。系湖南元代最大的私家书院。创建人陈仁子，字同甫，号古迂。茶陵东山人，南宋咸淳十年（一二七四年）中漕举第一名，授登士郎。五年后，南宋灭亡，元朝鼎革，陈氏屡拒朝廷征召，隐居乡梓东山，罄其家产，筑东山书院，聚众讲课授徒，著书立说。东山书院除讲学外，且注重刻书。据载，东山书院整理刻印的图书存世书目达十三种五百五十六卷，为当时湖广境内三家私刻书中最著名的一家，亦为元代书院刻书第一大家。据历代诸家书目记载和现存传本统计，刻有《增补六臣注文选》六十卷、《梦溪笔谈》二十六卷、《文选补遗》四十卷、《新刻续补文选纂注》十二卷、《牧莱脞语》二十卷、《二稿》八卷、《尹文子》二卷、《说苑》二十卷、《迂褚燕说》三十卷、《韵史》三百卷、《唐史卮言》三十卷、《叶十林诗话》三卷、《考古图》十卷等。其中，《增补六臣注文选》为陈仁子校补，《尹文子》《文选补遗》《续文选补遗》《迂褚燕说》《韵史》《唐史卮言》《牧莱脞语》等系陈仁子编撰。《增补六臣注文选》《文选补遗》《牧莱脞语》《唐史卮言》被清代的《四库全书》辑录。东山书院刻印的图书印制精美，纸张洁白坚韧，为历代藏书家所珍重，称之为“茶陵本”。所刻印的现藏于国家图书馆的《梦溪笔谈》，历七百余年，以其开本阔大，字迹端庄，纸墨精良，明朝宫廷收藏而名闻天下。余也非常有缘，曾经过手陈仁子茶陵东山书院刻本一部。即陈澄中旧藏刘向撰《说苑》八卷，元刻大德陈仁子茶陵东山古迂书院刻本，纸本，两册，此本首有曾巩序。国家图书馆藏有零本，《北京图书馆古籍善本书目》著录，存一册，卷九至卷十，而余经手的这部存卷一至卷八，纸张相同，初刻初印，纸美字秀，当为大库遗物。此本各家书目未见著录，当为存世孤本。

茶陵除东山书院外，元时还有诸多私家书院，桂山书院为其之一。与东山书院文化相通，亦有刻书，此《孔丛子》就是例证。至于桂山书院详情，乾隆馆臣已经无考。然叶德辉《书林清话》卷三，中有宋刻本《新刊精选诸儒奥论策学统宗前编》五卷。又记他书云：标题下列名“心易谭巽中叔刚校正，存理谭金孙叔金选次，桂山谭正叔孙端订定”。此条记载，所谓三谭皆冠以“古云后学”，“古云”其为何地，叶德辉考证按称:“古云”为茶陵之别名，见《茶陵州志》。余意谭氏为茶陵郡望，国民政府主席、第一任行政院院长谭延闿即出此门。行文中所称“桂山谭正叔”未知与此桂山书院有关否。待考。

茶陵书院刻书既称“茶陵本”，唯陈氏东山书院刻本，独支孤立，而今又有茶陵桂山书院本《孔丛子》并立双雄，茶陵书院刻本可称体系。对于世人了解和研究茶陵刻书文化具有重要的参考意义。

此本《孔丛子》，元刻元印，历几近七百年，且自乾隆天禄鉴藏著录以来，海内外公私家收藏目录均未见著录，余以为孤本存世者，实可称之瑰宝，当有神物护持。今再现于世间，吾辈之过手眼福，且待神物！

元抄本陶叔献辑《两汉策要》提要

尺寸：十三点二厘米乘二十三点七厘米，元抄本，纸本，一函十六册。

钤印：昆陵周氏九松迂叟藏书记、周印良金、毛晋之印、毛氏子晋、汲古主人、汲古阁、毛晋、毛扆之印、斧季、虞轩、献厂、宾秋、覃溪审定、臣大昕印、竹汀、王鸿翔、退一步斋珍玩、景贤鉴藏、朴孙庚子以后所得、鬲印长乐、如皋张氏竹轩藏书景行维贤、古吴王氏珍藏、启迪珍藏、周暹、康生、戊成人。

著录：毛晋《汲古阁珍藏本书目》、叶德辉《书林清话》、莫友芝《郘亭知见传本书目》、傅增湘《藏园群书题记》、张伯驹《春游琐谈》。

提要：此本有翁方纲（第一册首）、王杰（第一册尾）、钱大昕（第一册尾）、孙士毅（第二册首）、张朝乐（第六册尾）、戴衢亨（第九册首）、姚令仪（第十五册尾）、陆伯焜（第十六册首）、秦承业（第十六册尾）、袁枚（第十六册尾）题跋。

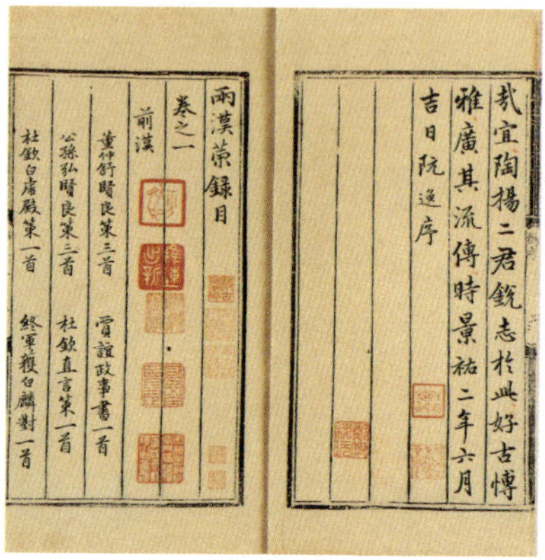

哉宜陶楊二君鋭志於此好古博
雅廣其流傳時景祐二年六月
吉日阮逸序

兩漢策錄目
卷之一
前漢
董仲舒賢良策三首　賈誼政事書一首
公孫弘賢良策三首　杜欽直言策一首
杜欽白虎殿策一首　終軍覆白麟對一首

元抄本陶叔献辑《两汉策要》

元抄本陶叔献辑《两汉策要》

此本明末清初毛氏汲古阁存时已为十四册，乾隆间张朝氏补抄第三卷（第五册、第六册）。

附录:《两汉策要》后记

一段传奇的故事，往往就会继续演义，从而才有了人们所期待的续集、后编之类。中国嘉德拍卖的元钞本《两汉策要》，它注定就是要出新故事的传奇性文物。

这部《两汉策要》从明清两朝到民国间的流传经历，我已经在序中交代清楚了。这部身负重名的书，每过一百多年就会出现一次，并在文化界引起一段振动波漪。然而，这部名著在民国以后共和国的经历，固然可以有一朝权贵康生的诸多收藏印鉴，不难猜度它的痛苦经历。故事的曲折性远远不是那么简单，还有一段鲜为人知的传奇。这要从一位我已经相识十八年的老人说起。

此公姓辛，山东历城人，南宋著名爱国诗人辛弃疾嫡传后人，现已年逾九旬，我称之为辛老。此公学识渊博，资历颇深，一九四九年以后曾经在共和国任高官，嗜好收藏。在二十世纪五十年代的共产党高级干部中，有所谓康生之下的八位部级干部收藏家。其中康生地位最高，学问最大，成为了“班头”，李一氓（辛老称其为“氓公”）为班副。辛老位列其中之一。这八位党内收藏高官，曾经为国家主席刘少奇点名批评，“革命意志衰退，一头扎进故纸堆，玩物丧志”，通报全党。其中包括中联部李一氓、毛泽东秘书田家英、中宣部副部长王力，还有辛老等。只是在文件中变成了“等”同志而已。现在，这些曾经显赫的人物，除了辛老之外，都已经过世了，可称硕果仅存。辛老自己的收藏长项是齐白石的书画。康生眼高志大，意趣在高古，素瞧不起齐白石，自号“鲁赤水”，与之相对，非淹了齐白石不可，并且挖苦辛老说：辛某人行哪，都收藏齐白石了。我是在进入中国嘉德工作以后结识辛老的，那时辛老收藏的齐白石书画，曾经独领风骚一时，世人不能不佩服辛老当年的远见。而辛老的另一爱好就是碑帖善本，因此我有机会常常与辛老聊天。前些年辛老常到公司看拍品，而后总是要饕餮一番，辛老健谈，食量酒量也非寻常人可比，所以辛老的身体状态非常好，远不像八十多岁的耄耋老人。我曾经问辛老，您这么大年纪，身体这么好，您的养生之道是什么？辛老笑眯眯地告诉我：养生的秘诀有三条，一是吃肥肉，二是喝烧酒，三是不运动！我对辛老的前两条不敢批评，因为我自小就不吃肥肉，也不喜欢喝白酒，只有最后一条最受用，我就是不爱运动。可是，这几年辛老的年纪毕竟九旬之上了，所以近来相见甚少了。我不是评论辛老的养生观优劣，而是想让大家知道辛老是一位幽默豁达，极富有个性的前辈。正因为有着独到的收藏观念，几十年后，辛老收藏的齐白石书画一时独步天下，海内无双。我可以断言说，像辛老这样长寿并且保持头脑清楚的人，曾经的地位和经历注定了他是老天赋予使命的人。

就在我们的春季古籍拍卖图录出版三天之后，我忽然接到电话，电话里的声音，有着浓重的山东地方音，一听就知道是辛老。我很惊奇，因为好久没有音讯了。我刚问候，而辛老根本没有闲话，劈头盖脸地就直入问题，问道：你是从哪里弄到的《两汉策要》？我听得不太明白，心里一惊，怎么了，有产权问题了？我正在犹豫着怎么回答问题时，辛老在电话里打开了一段尘封五十多年的故事。辛老说：五十年代，我就曾经三次去过康生的家，看到这本《两汉策要》。有一次去的时候，是与郭沫若、田家英、李一氓、王力等一起去的。我们当时都非常眼红，康生竟然有这样惊世收藏。听到这里，记得此书现产权所有者告诉我，此书他家收藏已经近百年了，也就是说，从清末民国初年完颜景贤家，此书散出后，即归现在收藏之家，未曾换过手。所以，这里有问题。于是我问道：辛老您记得是在五十年代看过此书？辛老肯定地回答，是一九五八年以前。这部书放在康生家有很长一段时间，我三次去康生家里看这部书。那时，氓公看了这部书为之赞叹，说这部书写得这么好，赵文敏（孟頫）如何有功夫抄写这九万多字！郭老认为，从这字体一笔赵字，没有任何犹豫，从头到尾一气而成，很有可能是赵文敏，这是临摹不来的。辛老犹记得书中有两卷为清朝抄配。辛老告诉我，三天后要到公司来再看这部书。我说您不方便，我们把书送到您府上看吧。辛老说一定要来，顺便看些书画。于是我们约定了辛老到公司的时间。

我放下了辛老的电话，就立刻给收藏家打电话，询问此书五十年代是否出过家门。老先生虽已年近八十，但是五十年代时才二十岁出头，家里长辈尚在，这些事还不懂，所以不清楚。老先生只知道“文化大革命”时这部书被抄，曾经为康生霸占，“文化大革命”后退还。因此，这部书有可能在五十年代曾经借出，具体详情不甚清楚。

时隔三日，辛老亲来公司看书。我看到的辛老依然是仙风道骨，目光炯炯有神，声音洪亮，非常高兴。辛老看到此书时，目中放出激动和欢乐的光彩，连连赞叹道：就是此书，没有改装，还是老样子。当我向辛老谈到，此书是晚清民初京城一家重要收藏时，辛老回忆道，那时曾经问过这部书的来源，王力告诉他说：康生是从柳亚子那里借来的。那时柳亚子与（毛）主席关系密切，康生也与主席关系甚密，所以两人之间有可能联系。而王力与康生关系紧密，非同一般。如原来康生还收藏石头，有不少田黄，后来王力要收藏田黄石，所以康生就不再收藏田黄了，并将已经收藏的田黄都送给了王力。为此辛老也将自己的石头收藏送给了王力。其中有一方田白石印面四乘四厘米，高五厘米，是吴昌硕刻的《大学》汤盘铭“苟日新，日日新，做新民”。王力的许多收藏都有康生的题跋。所以，王力说的应该是有根据的。如此，我也向辛老谈了我的看法，此书应该两次到过康生家，第一次是二十世纪五十年代，通过柳亚子借到家的。第二次是一九六六年以后“文化大革命”时抄家之后，康生将此书“归公”了。辛老认同我的看法说，那时看到此书内没有康生自己的收藏印鉴，现在看到的书内已经有大量的康生收藏印鉴。如“戊戌人”“大公无私”“归公”等，这都应该是“文化大革命”后的事了。辛老“文化大革命”开始后就被抓进了监狱，一蹲号子就是七年，就不知道后边的这些事了。我告诉辛老，现在收藏此书的人家，也是浙江人，而且是晚清民国间的名流，所以柳亚子有可能与之有关系，可能知道此书所在，并借出给康生。

辛老看罢了此书，提出要看另一部碑帖颜真卿《争座位帖》。此帖也是二〇一一年春季古籍拍卖拍品，是田家英小莽苍斋旧藏之物。辛老拿起一看就道：此帖原是王力旧藏，某次大家交流收藏，王力拿出此帖。之后，王力对田家英说道：此帖你应该收藏。田家英说：我不懂碑帖。王力说：你看看此帖后面的题跋。田家英一看：说这帖归我了。为何？因为那时田家英正在收藏清代学者的墨迹。此帖后面有桐城名家姚鼐的长跋，叙述此帖原为袁枚家收藏。袁枚去世后，袁家请姚鼐出手撰写袁枚墓志铭，为酬劳姚鼐，袁家以此帖相赠，这是一段掌故，意义非同一般。辛老说道：田家英是老实人。其中有一件事特别有意思。世人多知道康生喜欢收藏砚台，其中有一方抄手砚，有一些残破，不知为何康生特别喜欢。有一日，辛老与田家英等同到康生家里，田家英说想要一方砚台，康生的砚台有一大堆，说你就随便拿一方吧。田家英就偏偏选了这方最不起眼、还有些残破的抄手砚，可能是田家英认为这是一方破砚台，康生可能不喜欢，于是就挑选了这一方砚台。当康生后来看到田家英挑选了这方砚台后，大叫一声，可是有言在先，不好反悔，只好将这方砚台送给了田家英，并嘱咐田家英到琉璃厂给这方砚台配只盒子保存。

陪同辛老看古玩，就如同进入了时间隧道，将人带回到五十年前的那个年代，让人不仅知道了一段历史故事，同时让我了解了那一代人，那一代曾经显赫、权高位重的人的交往和乐趣，受益颇多，这是书本上永远也看不到的共和国秘闻掌故。现在，这部著名的书，以四千八百三十万元人民币在拍卖会上创出了世界纪录。可以说又出新故事了。

这部书诞生七百多年来，第一次展示在世人面前，成为公众聚焦和关注的名品。之前多是在贵胄名流之间转手和鉴赏，可以说曾经仰慕此书的许多学者、藏书家、鉴赏家，或是风闻，或是仅仅看到影刻本，就已经被她的迷人形姿所迷倒，诸如莫友芝、叶德辉等，所以她在今天注定会引起许多新的见地。我和朋友们交流所得的一些看法，归纳起来有这样的说法：

创作论　从此抄书纸张、布局和书写可以看出，这是经过精心准备的艺术创作，它不是普通的抄书。翁方纲虽然说赵孟頫日写万字，此言当有不同解释，或许写行书可以，而写小楷书断无可能。如此工整小楷书日写三千，就几欲腕脱，这绝非夸张。如此九万八千字，一字不苟，至少要连续写一个多月方可完成，这无疑是对其书法水平和体力的考验，显然这不是一般人能够做到的。

灵动论 此抄本未面世之前，世人对其乾隆影刻本，无人敢质疑其为赵孟頫手书上版。原因何在，就是其书法飞扬灵动，充满了创作的激情。看到了抄本原件，这种书写者创作的激情和表现欲望，跃然纸上。如此比较其他存世的赵孟頫书法原作和碑刻，灵动和激情，都无法与此本相比，所以翁方纲谨慎所言，此书书法有“赵书神理”，不是泛泛轻言。

内疚论 究竟是何许人耗费如此精力物力，具有如此灵动和激情抄写了这部书，其实从抄书的内容已经可以看出端倪。诸如像赵孟頫这样曾经的大宋皇族，入元后侍从异族，其心中无疑是不幸福的，人生的荣华富贵过去之后，都会产生无限的惆怅和内疚。这种现象我们在明末清初也可以看到。诸如晚明的吴梅村，也是在其晚年对入清以后的生活感到发自内心的痛苦和内疚。这些为内心痛苦折磨的人，才有可能如此近似疯狂地抄写一部内容显然已经过时的著作，原因在于“两汉”二字，它表明了抄书者的民族归属，民族意识，这才是抄书者如此费尽心血，而又不留姓氏的真正原因。所以这部书究竟有没有抄书者的款子已经不重要了。正因为如此，才给予后人无穷的遐想。

一部书不断地有故事，无形中增加了它的附加文化价值。而这部书，不论何时何地出现，都会产生一些或大或小的故事。所以它的传奇故事不仅今天没有结束，明天也不会结束。因为它本身会制造和创造精彩的故事。

王懿荣与清曹寅影宋抄本《鉴诫录》

近一两年来，不断有些朋友向我提议，要我为常熟翁氏藏书写书志什么的，每说到这件事，我总感觉到有些为难，不敢应承，确实有负朋友的盛情，也不知怎样回复朋友们的好心好意。的确，常熟翁氏藏书自道光、咸丰年间翁心存开始，历经翁同龢、翁曾翰等，至今已经六世收藏，是清末以来最后一份重要的私家藏书楼藏书。常熟翁氏藏书所遗留下来的精华，计八十余部善本书，经嘉德公司的多方努力，已经在前年安然从大洋彼岸的美国山中，回归到久违了的中华故土。这无疑是近年来国家文化文物方面的一件大事，也是我经历过的最大的一件事了，有幸参襄其事，实感是意外的非分之福。这段亲身经历，使我每忆及翁氏所藏的这八十余部重要的中国文化典籍，真是犹如己出，心中总是充满了说不出道不明的特殊的思念之情。特别是有关常熟翁氏藏书中的许多书籍，或者是书中的内容，或者是书的著者，或者是书的收藏家，或者是相关的流传故事，都曾经让我激动，让我浮想，甚至有些让我至今寝食难安。我经过这一段时间整理爬梳混乱的思绪之后，自感学浅才疏，况生计竞争维艰，无暇踏实研究，所以为翁氏藏书写书志的事，还是不敢应承，留待学者专家们去作吧。只想就我的能力和经历，道出我对翁氏藏书的一些感受和故事，也是给关心我的朋友们一个回报和交代。说句不好意思的话，这些感受和故事也许很没有意思也很肤浅，可是我的要求是为文不必尽引经据典的考证为史志，还要对前人后人负责，思想太累；也不必论学说理的辨析皆有教益，还要对人对己负责，精神太苦。只要能以我这凡夫俗子的不咸不淡的“无益”之述，帮人度过“有涯”之年中的片刻也就可以感到满足了。以上拉里拉杂的赘述，就当是引言，而这篇《王懿荣与清曹寅影宋抄本〈鉴诫录〉》就权当是开篇吧。

《重雕足本鉴诫录》十卷（以下简称《鉴诫录》），五代后蜀何光远撰，清康熙四十八年曹寅影宋抄本，清光绪年间王懿荣曾藏。

《鉴诫录》传世极为罕见，宋刻本仅见一部，南宋浙江地区所刻，是为传世孤本。明代此本为著名收藏家项元汴天籁阁之物，清初康熙年间归著名学者藏书家朱彝尊曝书亭。朱彝尊得此书，如获至宝，一时名士闻知，争相拜观，如王士祯、查嗣瑮、曹寅、徐嘉炎、汪士铉等，并为此书题记题跋，王士祯手校。其中官居江宁织造的曹寅，号楝庭，著名小说《红楼梦》作者曹雪芹的祖父，当时

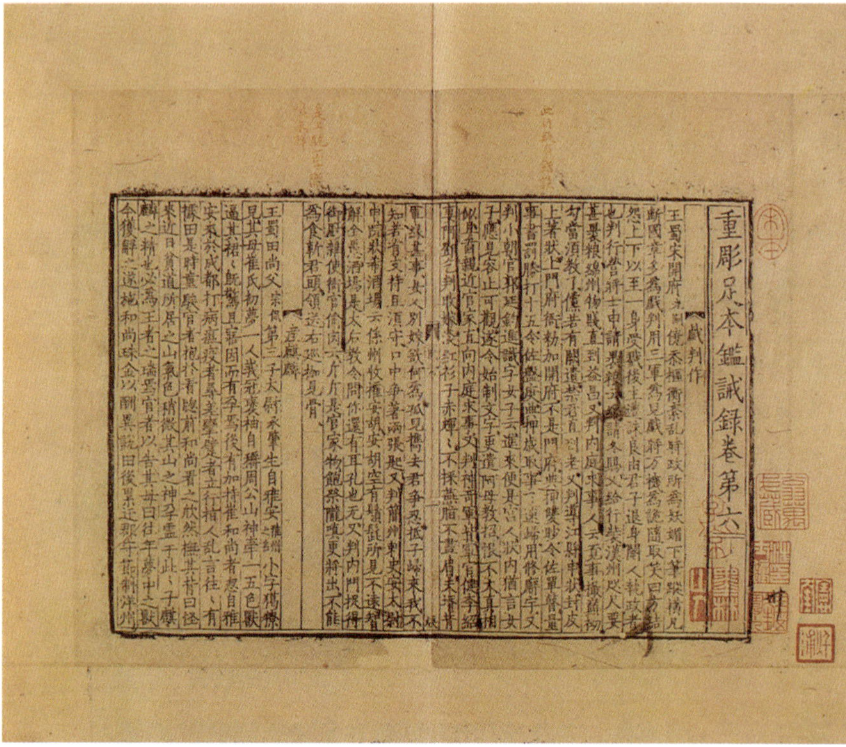

宋刻本《鉴诫录》，曹寅抄本的底本

不仅负责为大清朝廷采办锦缎，而且喜好藏书，与朱彝尊也特别有交情。李文藻撰的《琉璃厂书肆记》中说：曹寅交于朱竹垞（彝尊），曝书亭之书，楝亭皆抄有副本。曹寅见此宋刻孤本《鉴诫录》，自然也会抄录副本一部，这就是清康熙四十八年曹寅影宋抄本《鉴诫录》的来历。

曹寅之后，藏书散失。此抄本亦不知所归，直到清咸丰同治年间，这本曹寅影宋抄本《鉴诫录》流落到京师琉璃厂，时山东诸城王澫塘在京，闲暇之际，在文盛书肆中捡得此书，收为插架之物。

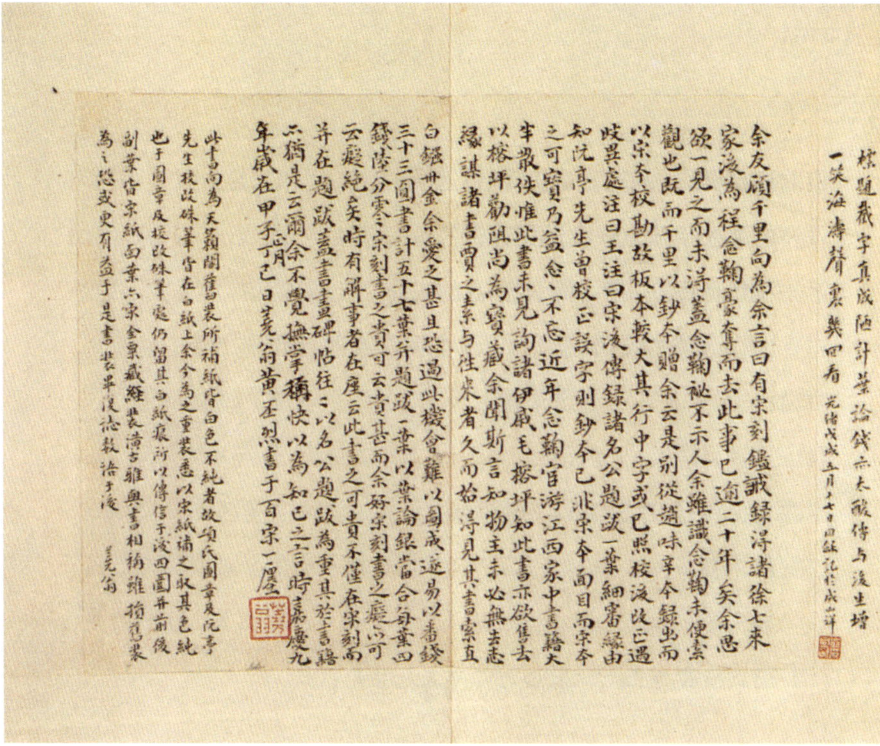

宋刻本《鉴诫录》题跋

王溎塘（约一七九〇年至一八六五年），字吏香，山东诸城人，咸丰进士，官郑州知府等。此抄本尾有王懿荣题跋称：“此本得自诸城族叔溎塘侍郎”，说明此书从王溎塘直接转归了王懿荣。

王懿荣（一八四五年至一九〇〇年），字廉生，山东福山人。关于王懿荣，我虽说是专攻中国近代史的，也是对其人了解不多。直到八十年代末，王懿荣这个历史人物才引起我的注意。记得那是一九八九年前后，我还在北京图书馆（今国家图书馆）善本特藏部善本组工作，主要的工作任务就是整理善本组藏的手稿库。善本组藏的这部分名人手稿书札，没有目录，外人鲜知，其中有不少极为重要的名家手稿，令我最为称奇的是王懿荣一九〇〇年殉国时的绝笔，竟然也保存在手稿库里。我的工作和我的专业都告诉我，这是一件非同寻常的文物。因为《清史稿》卷四百六十一《王懿荣传》中说：

> （一九〇〇年）七月，联军攻东便门，犹率勇拒之。俄众，溃不复成军，乃归语家人同：吾义不可苟生！家人环跪泣劝，厉斥之。仰药未即死，题绝命词壁上曰：主忧臣辱，主辱臣死，于止知其所止，此未近之。掷笔赴井死。

若按此言，王懿荣绝笔题于壁上，随着人亡壁残，此绝笔已不复存于世间了。然北京图书馆所藏王懿荣绝笔，书于纸上，为王懿荣之子王汉章收藏，内有张之洞、端方、康有为、徐世昌、樊增祥等二十余人题诗题跋，证之凿凿，说明《清史稿》的记载有误。因此，王懿荣绝笔引起了我的注意。可是当时北京图书馆面临从文津街向白石桥新馆搬迁的繁重任务，使我无暇深入去做考证工作，便将此事暂时放下。

说来也巧，我们搬迁到白石桥新馆之后不久，某次善本特藏部开组长会，会上时任部主任的李致忠先生问我说，这里有一个文化部转来的全国政协提案，是查找王懿荣的绝笔下落，你回组里查一查，看看咱们善本库里有没有。我对这件绝笔印象太深了，所以当即我就向李先生肯定地说，王懿荣绝笔就在善本组的手稿库里。随后，馆里向文化部、文化部向全国政协，逐级反馈这个信息。很快，在全国政协的王懿荣后人及其海内外的后裔数人，来到北京图书馆善本部，我在善本阅览室里接待了王氏后人，并将王懿荣绝笔原件从手稿库中调出，令在场王氏后人一睹先人气壮山河的绝命墨迹，莫不为之动容，并拍照留作纪念。

这件事令我感觉到，王懿荣绝笔连他的后人都不知道下落，那别人就更难晓得它的存在了。所以，我觉得应该写一篇文章将王懿荣绝笔介绍给世人，于是我写了一篇名为《一代文物：王懿荣绝笔》，交给了《文献》杂志，发表在该杂志一九九三年第二期上。现在想起这事也已经是十年前的事了。

也是从这之后，我凡是看到和遇到有关王懿荣的墨迹或相关资料，总是怀着一种敬重的感情，当然还有极大的兴趣。正因如此，在我看到原王懿荣收藏、后来王懿荣又赠送给翁同龢的这部曹寅影宋抄本《鉴诫录》时，真是兴趣所至，倍感亲切。王懿荣在书尾亲笔题跋称：

光绪辛卯（一八九一年）正月于常熟夫子（翁同龢）坐上，得见宋本（指《鉴诫录》）真面目，旧时诸跋，墨迹宛然，乾嘉之间，辗转吴中，有各藏家题记可证。今归吾师清龢矣。懿荣此本（指曹寅影宋抄本《鉴诫录》）……许因以奉充。

这段话说，王懿荣一八九一年在翁同龢处，看到宋刻本《鉴诫录》，遂将自己收藏的曹寅影此宋本的抄本《鉴诫录》，赠送给翁同龢，“奉充”翁同龢的藏书。

这一段平淡叙述，似乎仅仅是关于一本书的事，其实不然。我从这段文字里看到了王懿荣与翁同龢的许多不寻常的关系。

我仿佛看到，王懿荣在毕恭毕敬地揖称翁同龢为“吾师”，这应当是缘于光绪六年（一八八〇年）翁同龢出任顺天会试副总裁，而王懿荣正是这次会试考中进士，按清代俗例，翁同龢当是王懿荣的恩师，因此王懿荣在此跋中称翁同龢为吾师并无奉承之嫌。

我也仿佛看到“夫子坐上”的王懿荣那样随意，表明王懿荣是翁同龢府上的常客，在古籍碑版收藏方面有共同的雅好。王懿荣喜藏书，嗜金石，翁同龢更是王懿荣的前辈。特别是王懿荣在金石研究考订方面的功夫，在当时也是出类拔萃者，王懿荣首先发现了商朝的甲骨文字，并最先大规模搜集收藏，成为中国商朝甲骨文字研究的奠基者，所以翁同龢特别赏识王懿荣的学识，称王懿荣为“博学”，对王懿荣的收藏，翁同龢赞称“莲生所藏无一不精”。如此翁同龢才会拿出宋刻本《鉴诫录》，让王懿荣鉴赏。

我更仿佛看到这段纸张墨迹背后王懿荣与翁同龢在政事国事方面的志趣，这单从字面上是看不到的，也是以往史学界研究忽略了的内容。如一八九四年中日甲午战争事起，翁同龢在朝中力持“主战”之议，而此时身为国子监祭酒的王懿荣，上书请归山东老家编练乡团，抗击已经侵入山东半岛的日军，在这里不难看出翁、王在国难之时的态度是如此接近和一致。再如，对康有为等维新变法的问题上，以往世人只注意到翁同龢往晤康有为，向光绪帝力荐康有为等，并草拟《钦定国是诏》，促成一八九八年的“百日维新”，但忽略了与康有为关系甚密的王懿荣。早在一八八八年康有为赴京参加顺天府乡试时，康有为草拟《上皇帝第一书》，就与王懿荣有关。据康有为自称，当时王懿荣在盛伯羲的意园看到康有为的上书，推许为京师没有的振聋发聩之作，并且为康有为的上书“点定数字，商改数句”。从这里可以看出王懿荣对康有为的变法维新是持肯定的态度，这与后来的翁同龢支持康有为“百日维新”，在政治取向上也是完全一致的。由此说来，翁同龢与王懿荣也有着在国事政事上的仁人志士之交，只有这种交谊，翁同龢才可能接受王懿荣的赠书。否则结局是令人难堪的。记得在常熟翁同龢纪念馆的展览中，就有翁同龢的一篇手记说：“刘鹗……竟敢托人以字画数十件贻余，记之以为邪藁之据。”刘鹗向翁同龢送字画用心不良，因此被打入黑名单。要知道，并不是什么人都可以向翁相国赠书送画的，按翁相国的脾气，也并不是什么人的馈赠都接受的。

这一切，清楚地勾画出一段百十年前发生的历史故事：光绪十七年正月二十日中午，翁同龢在府中邀请盛伯羲、王懿荣、费屺怀等诸友畅饮（《翁同龢日记》记载），酒兴所至，翁同龢拿出所藏，令在座者鉴赏。王懿荣在此看到了恩师翁同龢收藏的宋刻本《鉴诫录》，沐手拜观，赞叹不已，欣喜之中，慨然将自己收藏的曹寅影抄这部宋版的《鉴诫录》，“奉充”恩师翁同龢庋藏，翁相国欣然捻须笑而纳之……宋本原刻《鉴诫录》与曹寅影宋抄本《鉴诫录》在百八十年后重归一处，成为一段非常的藏书佳话。这段历史故事就好像我亲身经历、亲眼目睹了一样，让我深深地感动、久久地难以忘怀。

王懿荣赠送给翁同龢的这部曹寅影宋抄本《鉴诫录》，正是这种人格之谊的信物。

藏书之交，上为君子之交。藏书交换，可以笔书墨记，而君子交情，岂区区文字尽能道哉！此王懿荣赠翁同龢的曹寅影宋抄本《鉴诫录》足验此言矣。

许浑：南宋临安书棚本《丁卯集》

许浑，字用晦，安陆人（今湖北安陆），唐朝中晚期著名的诗人，他的诗集名曰《丁卯集》，又名《许用晦文集》。许浑曾经自称有诗五百首，数量虽不可言多，但诗品意境甚高，在中晚唐诗坛同侪之中颇有影响，一些名句至今可称千古绝唱。此赘引许浑的诗一首《咸阳城东楼》，以钩沉读者的记忆：

一上高城万里愁，蒹葭杨柳似汀洲。
溪云初起日沉阁，山雨欲来风满楼。
鸟下绿芜秦苑夕，蝉鸣黄叶汉宫秋。
行人莫问当年事，故国东来渭水流。

这“山雨欲来风满楼”名句，为古今传咏，也使许浑的诗名达到了

“天下何人不识君”地步。因此许浑的诗集自宋代以来，历朝刊刻，流传甚广。而宋朝就有几个不同的刻本，常熟翁氏（翁心存、翁同龢等）所藏的南宋临安府书棚本《丁卯集》便是其中之一。

许浑撰《丁卯集》二卷，南宋临安府棚北大街陈宅书籍铺刻本，二册。此书叠经明代仇英、项子协、沈松，清代季振宜、宋筠、黄丕烈、陈揆、翁心存递藏。有仇英、项子京、沈松、季振宜、宋筠、黄丕烈、翁心存、翁同龢题跋，令此书展卷望去，朱印墨题，粲然纸上，煞是可爱。

此书在清代收藏过程中，最知名的藏书家就是黄丕烈。黄丕烈，乾隆嘉庆间

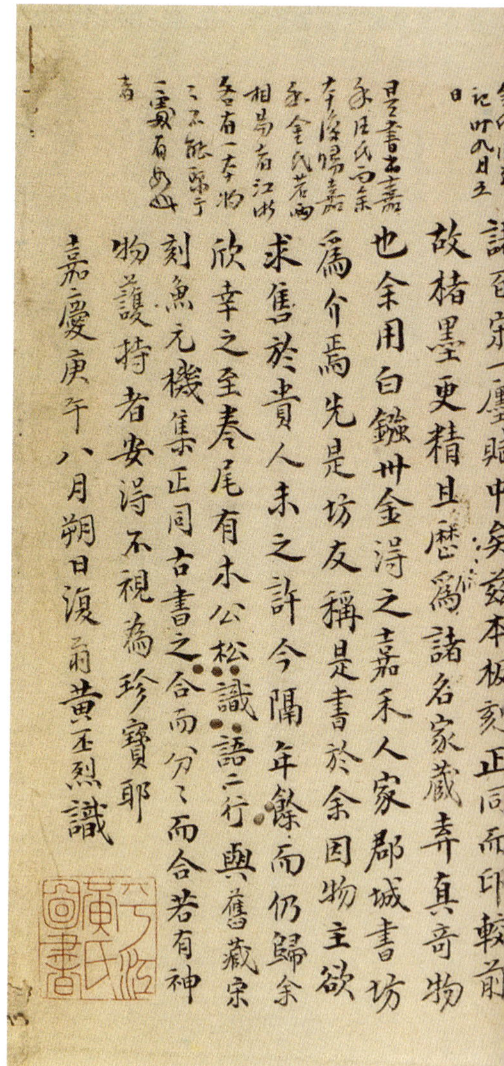

諸百宋一廛賦中矣兹本板刻正同而印較前故楮墨更精且歷爲諸名家藏弆真奇物也余用白鏹卅金得之嘉禾人家郡城書坊爲介焉先是坊友稱是書於余因物主欲求售於貴人未之許今隔年餘而仍歸余欣幸之至卷尾有木公松識語二行與舊藏宋刻魚元機集正同古書之合而分分而合若有神物護持者安得不視爲珍寶耶

嘉慶庚午八月朔日復翁黄丕烈識

南宋临安书棚本《丁卯集》

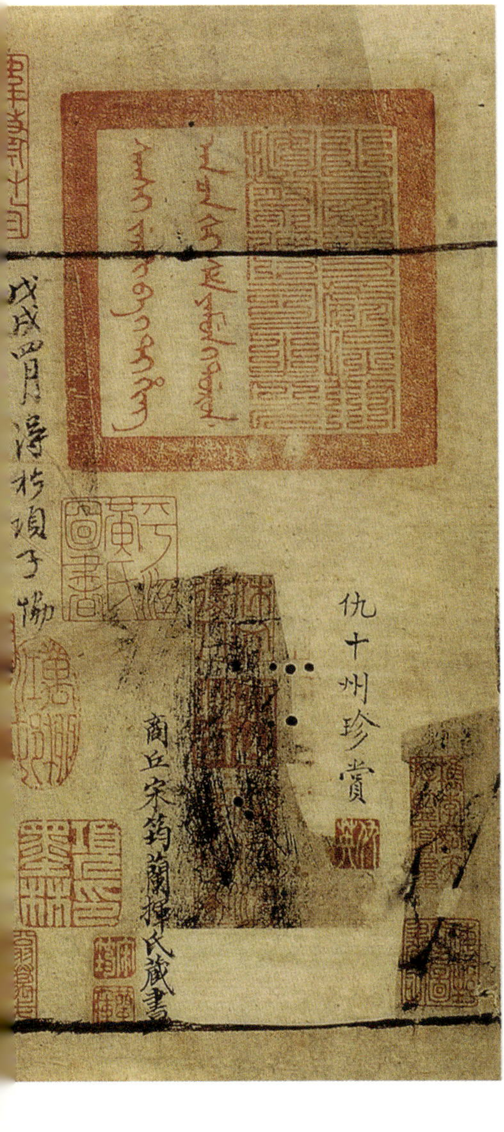

藏书家，自号“佞宋主人”，藏书处称“百宋一廛”。黄丕烈在此书的跋语中说他藏有两部《丁卯集》，同为南宋临安府棚北大街陈宅刻本，并且都已经收录到他的《百宋一廛赋》。黄丕烈收藏的这两部南宋书棚本《丁卯集》，一部后来归了嘉禾金氏，今已经不见流传，而另一部转给了虞山（常熟）的陈揆稽瑞楼收藏，继而又转归同邑翁心存，也就是翁氏所藏的这一部，成为传世仅存的海内外孤本。民国间影印的《四部丛刊》初编中的《丁卯集》，就是用翁氏所藏的这一部书棚本作为底本的。所以，翁氏所藏这部《丁卯集》，其文物价值、资料价值极高。

我对许浑的兴趣，最初并不是翁氏所藏的南宋临安书棚本《丁卯集》，而是另一部颇有传奇色彩的宋代蜀刻本《丁卯集》。那是在我见到翁氏藏书的十年以前，即一九九〇年。当时我还在北京图书馆善本特藏部工作，上海古籍出版社准备出版《宋蜀刻本唐人集丛刊》，其中包括北京图书馆所藏的宋蜀刻本许浑《丁卯集》，我负责整理和撰写《许用晦文集跋》。

首先是这部蜀刻《丁卯集》的传奇来历。从此书内的三方重要收藏印看，一是元代“翰林国史院官书”印，二是颍川“刘体仁”私印，三是“祁阳陈澄中藏书记”。这三方印记表明，此书元明两代到清代初年，一直深藏宫中内府，直到清代康熙乾隆间才被内阁学士刘体仁偷出宫外，秘藏家中二百年，之后为祁阳陈澄中所得。一九四九年陈澄中又将此书携往香港，直到二十世纪五十年代末，此书经中央政府拨巨款，郑振铎、徐森玉等前辈指挥运作，将陈澄中藏书从香港购回大陆，收归北京图书馆典藏，成为新中国成立以来的文化史上最重要的一段佳话。这段非凡的传奇历史，从那时起就给我留下了深深的记忆。

其次是有关这部蜀刻《丁卯集》的版本问题。我在撰写蜀刻《丁卯集》跋的过程中发现，南宋陈振孙著《直斋书录解题》记载的“蜀本”《丁卯集》，与南宋晁公武著《郡斋读书志》记载的贺铸（字方回）校跋本《丁卯集》，被认为是两个不同的版本。我在仔细地研究了北京图书馆藏的这部蜀刻《丁卯集》之后，确定了其中的贺铸的校跋和四百五十四首诗篇数目，得出新的结论：以往所说的“蜀刻本”和“贺铸校跋本”事实上是同一个版本，只是称呼不同而已。有趣的是在研究中，学术界认为瞿氏铁琴铜剑楼藏的元刻本《丁卯集》，与杨氏海源阁藏的元刻本《丁卯集》是一个版本，恰巧这两部书现都收藏在北京图书馆，我将这两部书从库中调出对比一看，却是行款字数虽然相同，但确实是两个不同版本。于是我写了一篇文章《许浑〈丁卯集〉叙录补正》，订正所谓宋“蜀刻本”“贺铸校跋本”、南瞿北杨的两个元刻本问题，文章后来交给了《文献》杂志，一九九一年发表在该杂志的第三期上。一九九四年上海古籍出版社影印出版《许用晦文集》中我写的跋文，采用的就是这个观点和看法。

前人为什么会出现这些问题呢？原因很简单，宋蜀刻本《丁卯集》一直深藏内府，民间四五百年来未见流传，后来虽被刘体仁偷出宫，但也不敢声张，秘藏家中，所以外界长期无缘目睹原书，仅凭文献著录，焉能断定“蜀刻本”与“贺铸校跋本”《丁卯集》是同一版本。而杨氏海源阁与瞿氏铁琴铜剑楼藏的两个元刻本《丁卯集》，一南一北，前人无力将他们调集到一起严加比对，仅据文献著录，焉能不错将这两个元刻本混为一谈。有了这段经验以后，我一直到现在，不论谁怎样描述一部书，只要没有看到原本，不论什么书，无论宋元，或是明清刻本，我都不敢轻言其版本。

一九九〇年我在研究宋蜀刻本《丁卯集》的时候，就曾看到翁氏收藏的宋临安府书棚本《丁卯集》的缩小影印本。天机不泄，人生难知，谁曾想整整十年之后的二〇〇〇年，翁氏藏书回归大陆，这部宋刻书棚本《丁卯集》在这里等着我，又天假我手编入了《常熟翁氏藏书图录》，这也许就是机缘，或者天意吧。当我编辑完翁氏所藏的这部书棚本《丁卯集》之时，甚至让我也暗地自叹称奇，现存的“蜀刻本”和“临安书棚本”这两部宋刻《丁卯集》的命运竟是如此的相似，它们都是海内外孤本，它们也都曾经漂流海外，又经多方努力将它们从海外购回，这难道不是老天的安排吗？只不过是翁氏所藏的这部宋刻书棚本《丁卯集》，除了它的传奇之外，还有一段风流美色与藏书之间的故事。

那是在嘉庆年间，常熟城内有两大富庶殷实之家，一是借月山房的张海鹏，另一是稽瑞楼的陈揆，竞以重价购藏宋元善本。一日，新纳小妾的陈揆到吴门（苏州），洞房花烛，人事得意，陈揆的心境自然惬意舒坦。拜访吴门前辈黄丕烈时，黄丕烈出示他所收藏的宋刻书棚本《丁卯集》，当黄丕烈闻知陈揆新纳的小妾，竟然碰巧是丁卯年生人时，黄丕烈遂以陈揆小妾的出生年“丁卯”与许浑的“丁卯集”相戏谑。至于当时黄丕烈是如何开这个玩笑的，我们已经不得而知了，但翁同龢说“荛翁（黄丕烈）善谑”，我想黄丕烈当时一定笑言左拥膝上新姬人，右披案头唐人集；或是夜抚帐中俏佳人，日读案上许浑集，如此这般的荤句。无论怎样，黄丕烈力劝陈揆，于是陈揆以“百金”之天价，从黄丕烈手中购得了这部宋临安府书棚本《丁卯集》。陈揆自此之后可谓坐拥双“丁卯”，一个是丁卯年出生的俏佳人，一个是宋刻许浑的《丁卯集》，藏娇与藏书并称“双美”。这个故事不能说不是一段风流藏书佳话。

再抄录许浑的五言诗一首《夜归丁卯桥村舍》：

月凉风静夜，归客泊岩前；
桥响犬遥吠，庭空人散眠。
紫蒲低水栏，红叶半江船；
自有还家计，南湖二顷田。

诗吟到此，许浑的诗文集为何称作《丁卯集》，皆因在润州（今江苏镇江）丁卯桥，许浑置有别墅，故许浑以地名代文集之名，称《丁卯集》。

附记：黄丕烈《百宋一廛赋》注称：“唐山人诗一卷、女郎鱼玄机诗一卷、甲乙集十卷、丁卯集二卷、朱庆余集一卷，每半叶十行，每行十八字，皆监安府棚北大街陈宅经籍铺印行，所谓书棚本是也。”但我们在研究这部《丁卯集》时，对黄丕烈所下的“书棚本”结论有所怀疑，还包括黄丕烈认定为书棚本的《女郎鱼玄机诗》，是否确定为“书棚本”，都有可以再深入研究探讨的余地。最近，我在与上海图书馆研究员陈先行聊天时，他对这个问题也意识到了，真是不谋而合，所见略同。在没有定论之前，在此行文之中，仍将黄丕烈—陈揆—翁氏递藏的这部《丁卯集》姑以“书棚本”相称。仅记。

蜀刻《许用晦文集》跋

《许用晦文集》二卷，《总录》一卷，《拾遗》二卷，唐许浑撰。宋贺铸辑校并跋，为南宋中叶成都眉山地区刊刻的一部唐人别集，今海内外仅存一部，现庋藏于北京图书馆。

许浑，籍安陆（今湖北安陆），侨寓丹阳，生活于中晚唐时期。浑为武后朝宰相国师之后，大和六年进士及第，官历润州司马、监察御史、睦郢二州刺史。浑尝自谓有诗五百首，数量虽不可多言，但诗品意境极高，在中晚唐诗坛同侪中颇有影响，故浑诗自宋代始，历朝刊刻，流传甚广。

《许用晦文集》最早著录于宋欧阳修《新唐书·艺文志》别集类，作《丁卯集》二卷。据宋蜀刻《许用晦文集》卷二第一页标目有“丁卯集”三字，知为同书异名。宋蜀刻本此集最早明确见于著录者，为陈振孙《直斋书录解题》，称“蜀本又有《拾遗》二卷”，与今存卷吻合。问题在于南宋晁公武《郡斋读书志》，引贺铸《丁卯集跋》云:“求访二十年，得沈氏、曾氏本，并取《拟玄》《天竺集》校正之，共得四百五十四篇。”此贺铸辑校并跋本，学界认为今已亡佚。然据蜀本《许郢州文集总录》可知，蜀本所辑各本及篇数，与贺铸跋相同，且尾题“政和辛卯吴门升平地弟水轩方回手校”。方回，贺铸字也。是故蜀刻本内之《总录》当系完整的贺铸《丁卯集跋》，而晁氏所引者，是其节录而已。简言之，今学术界关于贺铸辑校并跋本佚之说有误，南宋蜀刻《许用晦文集》即贺铸辑校并跋本。

国家图书馆藏蜀刻《许用晦文集》，半叶十二行，行二十一字，小字双行，版高十九点九厘米，宽十四点三厘米，白口，左右双边。书中“玄”“敬”等字避讳缺笔。经赵万里先生审定，为南宋中叶蜀眉山地区刊本。书中钤有元“翰林国史院官书”“刘礼仁”等官私藏书印。考此书递藏，元明两代当属官家收藏。至晚于清康熙年间，从宫内流出，归颍川刘礼仁所有。乾隆年间编纂《四库全书》，亦未见此本。民国初年，为上海朱翼庵收藏。之后，又转为祁阳陈澄中藏书。二十世纪五十年代归北京图书馆庋藏。

此本民国间曾入列《续古逸业书》影印出版。

许浑《丁卯集》叙录补正

唐许浑撰《丁卯集》，宋以来历代刊刻版本甚多，源流复杂。万曼先生曾于《唐集叙录》一书中对此集详加著录，考述尤多，功力颇深。然万曼先生关于此集宋元刻本之论，似有疏漏，笔者兹据经眼之宋元诸刻本，再为补正。

一　关于宋刻贺铸校跋本

南宋晁公武《郡斋读书志》引北宋贺铸《丁卯集跋》云："按浑自序，集三卷，五百篇。世传本，两卷，三百余篇。求访二十年，得沈氏、曾氏本，并取拟玄、天竺集校正之，共得四百五十四篇。"万曼先生认为："贺氏求访二十年编辑成功的四百五十四篇本，今亦不见。"（以下引《唐集叙录》，均不另注出处。）另据，南宋陈振孙《直斋书录解题》云:“《丁卯集》二卷。蜀本又有拾遗二卷。”民国间编《续古逸丛书》收入影印《许用晦文集》二卷,拾遗二卷,即蜀刻《丁卯集》也。按万曼先生之意,现佚的贺铸校本与今存的蜀刻本属两个不同版本,二者之间彼此无甚联系。据笔者所察,此说有误。

南宋蜀刻《许用晦文集》(《丁卯集》别名)二卷、拾遗二卷,今藏国家图书馆善本特藏部,为海内外孤本。此集附录《许郢州总叙》(亦称《许用晦文集总录》)一篇,其云:

右许郢州诗,按浑自叙本三卷,凡五百篇。今世传止两卷,上卷七言一百八十篇,下卷五言一百九十六篇。求访二十年,得白沙沈氏本,增多三十七篇(篇名略)。得京口沈氏本增多五篇(篇名略)。得华亭曾氏本增多六篇(篇名略)。拟玄集增多十一篇(篇名略)。天竺集增多一篇(篇名略)。本事集增多一篇(篇名略),总四百五十四篇。诸集增多辞格多不类,前得两卷者,亦往往已见于赵渭南诗中,姑两存之。此本本杞人袁氏书,当缮写以归之。政和辛卯吴门昇平地弟水轩方回手校。

蜀本《许郢州总叙》,并与晁公武所引贺铸《丁卯集跋》二者比较似可发现其中不乏相似之处:

两者所述及之辑、校本基本相同,如沈氏、曾氏本及拟玄集天竺集,而不过蜀刻《许郢州总叙》具体表明有两个沈氏本,另又辑

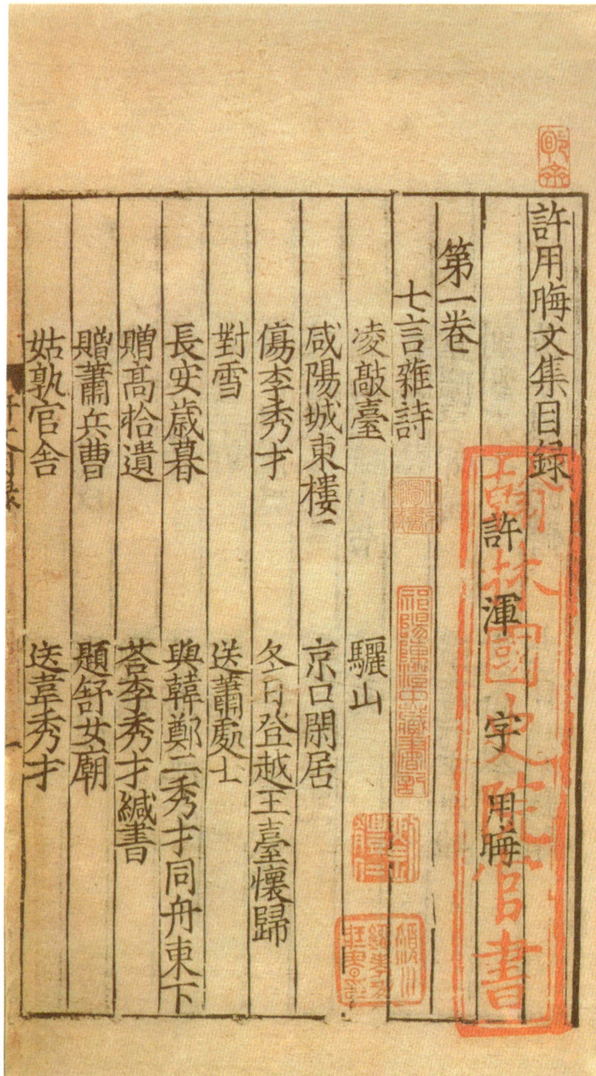
許用晦文集目錄
許渾字用晦
第一卷
七言雜詩
凌歊臺 驪山
咸陽城東樓 京口閑居
傷李秀才 冬日登越王臺懷歸
對雪 送蕭處士
長安歲暮 與韓鄭二秀才同舟東下
贈高拾遺 荅李秀才緘書
贈蕭兵曹 題舒女廟
姑孰官舍 送韋秀才

宋蜀刻本《许用晦文集》

本事集一篇。

两者辑校的篇数总计均为四百五十四篇，完全一致。

蜀刻本《许郢州总叙》落款为“政和辛卯吴门昇平地弟水轩方回手校”，按落款所出方回者，即贺铸。贺铸，字方回，卫州人，据《宋史·贺铸传》云：贺铸因“不得美官，悒悒不得志，食宫祠禄，退居吴下”。明谢氏小草斋抄《庆湖遗老诗集》内收政和三年程俱撰《鉴湖遗老前后集序》云:“政和间，余居吴，方回病，要余曰：‘死以铭诿公矣。’”所言均证实贺铸晚年居江苏吴县，即吴门。另外，明谢氏小草斋抄《庆湖遗老诗集》第二册封底上有佚名题记“贺方回……退居吴下昇平桥及横塘别墅，藏书万余卷，雠校无一字误”，凡此均与蜀刻《许郢州总叙》落款吻合，故落款行文中所谓方回者，系贺方回无疑。

另外蜀刻《许用晦文集》为一校刊本，校刊之精细在宋蜀刻本中仅见，其校刊水平亦不在元人祝德子校《丁卯集》之下，同时集内《许郢州总叙》落款为贺方回手校，与晁公武所引贺铸《丁卯集跋》所述一致。

由此可得出以下三点：一、宋蜀刻《许用晦文集》内的《许郢州总叙》与晁公武《郡斋读书志》所引的贺铸《丁卯集跋》是同文异名，实为一回事。只是晁氏所引的内容，显然是经过摘要和删节，而《许郢州总叙》才是完整的贺铸《丁卯集跋》。二、依据宋蜀刻本的校刊情况和《许郢州总叙》可以断定，蜀刻《许用晦文集》就是晁氏《郡斋读书志》所著录的贺铸校跋本《丁卯集》，至少这是目前现存的唯一可考的宋刻贺铸校跋本《丁卯集》。三、陈振孙《直斋书录解题》所言的“蜀本”，即为宋蜀刻贺铸校跋本《丁卯集》。

由上可见，万曼先生将宋蜀刻《许用晦文集》与贺铸校跋本《丁卯集》割裂开来研究，得出贺铸校跋本“今亦不见”的结论失当。

二　关于海源阁和铁琴铜剑楼藏元刻本

杨氏海源阁与瞿氏铁琴铜剑楼各藏元刻《丁卯集》一部，万曼先生认为：“元本《增广音注唐郢州丁卯集》二卷，续集一卷，《楹书隅录》著录。是本半叶十行，行十九字，有竹虚斋及汪士钟等藏书印。常熟瞿氏《铁琴铜剑楼藏书目录》也著此本。”据此而言，海源阁与铁琴铜剑楼所藏元刻《丁卯集》则为同一版本系统。但是，此说亦非是。

杨氏海源阁与瞿氏铁琴铜剑楼所藏元刻《丁卯集》，今俱庋藏于国家图书馆善本特藏部，经两本对照所见，二者均为半叶十行，行十九字，小字双行，左右双边，从行款看极为相似。另外，字体、修饰、风格亦相仿。然而细查比较，不难见到二者不同，此两本仅形似而实非同一版本系统。为便说明，择举异同之处数端，条例如下。另附录董康《书舶庸谈》卷三所记的日本内府藏元刻《丁卯集》行款，以做相互比较。

	海源阁本	瞿氏藏本	日本藏本
版框	上下栏较宽	较窄	不详
目录行款（半叶）	十一行	不详	十二行
版高	二十厘米	十九点二厘米	约二十二厘米
版宽	十三厘米	十三厘米	约十四厘米

上卷首半叶的异同

	海源阁本	瞿氏藏本	日本藏本
卷端标目卷次	阴文	阳文	阴文
次行题	许浑字用晦撰	刺史许浑字用晦撰	刺史许浑用晦撰
又行题	信安后学祝德子订正	同左	同左
四行题	近体诗	同左	不详
五行题	七言	七言八句	不详
六行题	金陵怀古	金陵怀古今建（小字）	不详
七行题	今建安府	（诗文略）	不详

下卷首半叶的区别

	海源阁本	瞿氏藏本	日本藏本
卷端标目卷次	同卷上	同卷上	同卷上
次行题	同卷上	近体诗	同卷上
又行题	同卷上	五言二十句二首	同卷上

（续表）

	海源阁本	瞿氏藏本	日本藏本
四行题	近体诗	赠尚练师并序	
五行题	五言二十句二首	诗序小字双行略	
六行题	赠尚练师并序	同上	不详
七行题	诗序（大字单行）	同上	不详

其他异同处不胜枚举。

以上表明，杨氏海源阁藏本《丁卯集》与瞿氏铁琴铜剑楼藏本，虽同为元刻，行款相似，其实是属于两个不同的版本系统，不可混为一谈。而日本内府藏本似应属于与前二本不同的另一元刻系统。

综上所见，宋刻蜀本《许用晦文集》与贺铸校跋本乃属同书异称，元刻杨氏海源阁藏本与瞿氏铁琴铜剑楼藏本当属两个不同的版本系统。

蜀刻《新刊权载之文集》跋

《新刊权载之文集》是我国宋代四川眉山地区所刊刻的一部唐人别集。宋刻此集传世者仅此一部残本，分藏海峡两岸。

权德舆（七五九年至八一八年），字载之，略阳（今甘肃秦安）人，出身名门，唐宪宗时任中书门下平章事。自幼聪颖，史称三岁知变四声，四岁能赋诗文，未冠即以文章称诸儒间。生平积思经术，无不贯综。文章诗赋以纯雅宏赡著称，在盛唐文学史中是具有一定影响的人物。权德舆著述甚丰，见于著录的有《新唐书·艺文志》别集类“《童蒙集》十卷，又《集》五十卷，《制集》五十卷”。所谓《集》者，应即为《文集》。杨嗣复《权载之文集序》称：“公昔自纂录为《制集》五十卷，托于友人湖南观察使杨公凭为之序。”其后，与孙宪孙编《文集》五十卷，托杨嗣复撰序。杨凭所序《制集》不在《文集》编次之内。权载之《制集》南宋时已佚，南宋陈振孙《直斋书录解题》云“今未之见”，晁公武撰《郡斋读书志》亦云“自纂《制诰集》五十卷，杨凭为之序，今亡”。以此观之，南宋以来所传世者，唯杨嗣复序、权宪孙编次之《文集》而已。

《权载之文集》最早著录于《新唐书·艺文志》别集类，题为“《集》五十卷”。《直斋书录解题》题为“《权丞相集》五十卷”。《郡斋读书志》和《宋史·艺文志》亦均有著录。元代之后，宋刻《文集》罕见著录，所录者均系《文集》抄本和清嘉庆年间刻本。

此次影印的《新刊权载之文集》残本共十九卷，刻本版框高十九点四厘米，宽十四点二厘米，白口，左右双栏，半叶十二行，行二十一字，版刻字劲而密，书中“敬”“贞”等缺笔，经傅增湘、赵万里等前辈审定、考证。书中钤有“翰林国史院官书”“体仁”“公恿氏”“郇斋”“祁阳陈澄中藏书印”等印，则大抵元、明两代与清初属官家藏书，至晚于清康熙年间从宫内流出，由颍川刘体仁收藏，所钤刘体仁印为最早的私家藏书印。清王士祯撰《居易录》曾述及《文集》五十卷，言系刘体仁之子抄录无锡顾宸藏本以示者，则刘体仁之子似有假托隐藏之意。故乾隆年间编纂《四库全书提要》云，“《文集》亦久无传本”，仅据《居易录》度之，此集似“康熙中犹存”。此书再现于世，已清末民初，傅增湘先生曾于厂肆述古堂假观并校勘一过。唯傅先生所见刘体仁藏残本仅十三卷，为卷一至卷五、卷四十三至卷五十，乃今存此本中的一部分。此书残本今存共二十七卷，其中卷四十三至卷五十原为南京中央图书馆收藏，现度

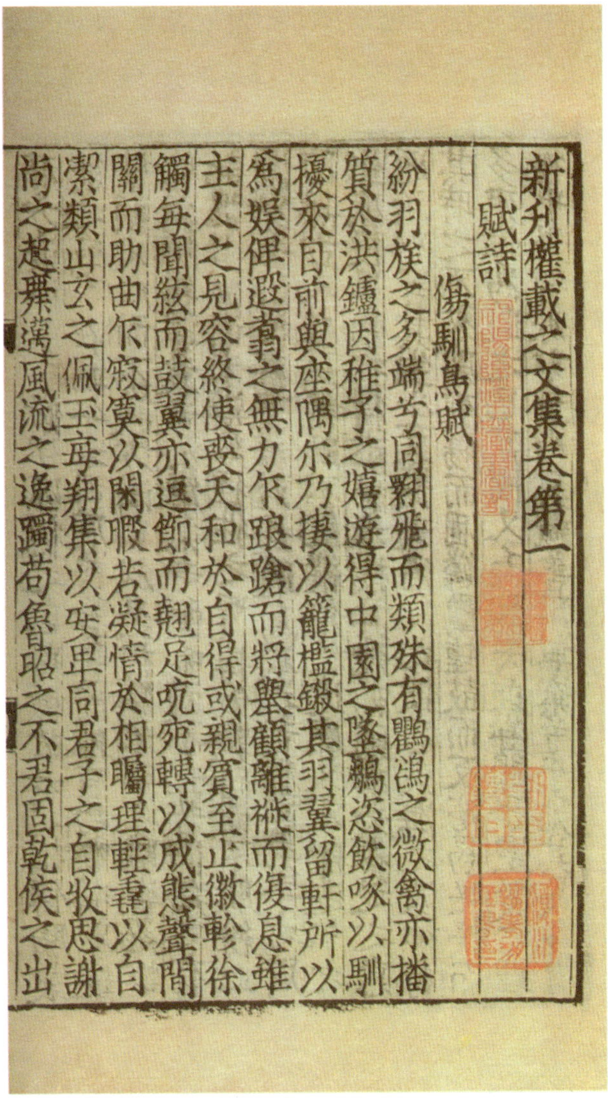
新刊權載之文集卷第一
賦詩
傷馴鳥賦
紛羽族之多端兮同翾飛而類殊有鸜鵒之微禽亦播
質於洪鑪因稚子之嬉遊得中園之墜鶵恣飲啄以馴
擾來目前與座隅尒乃捿以籠檻鎩其羽翼留軒所以
爲娛俾避翥之無力乍踉蹌而將舉顧離褷而復息雖
主人之見容終使喪天和於自得或親賓至止徽軫徐
觸每聞絃而鼓翼亦逗節而翹足吭宛轉以成態聲間
關而助曲乍寂寞以閑暇若凝情於相矚理輕毳以自
絜類山玄之佩玉每翔集以安卑同君子之自牧思謝
尚之起舞邁風流之逸躅苟魯昭之不君固乾侯之出

宋蜀刻本《新刊权载之文集》

藏于台湾；此外的卷一至卷八、卷二十一至卷三十一，曾由陈澄中先生收藏，二十世纪五十年代转归国家图书馆善本特藏部。又，该集卷三十一第三页原缺，后厂肆邃雅斋慨然捐赠，由北京图书馆增补，今一并付之影印。台湾所藏八卷暂缺。

序元泰定梅溪书院刻本《尚书集传纂疏》

每念及曾在国家图书馆工作之时，阅宋刻孤本《书集传》旧景，必忆及曾经过手的元刻孤本《尚书集传纂疏》。春秋十度，于此书又得体会和新见。

《尚书集传纂疏》元陈栎撰，元泰定四年梅溪书院刻本。十二册，纸本。此本首有宋嘉定己巳武夷蔡沉序，元泰定四年陈栎序、凡例、读尚书纲领，朱子书序。卷尾有“一部二本永乐二年七月二十五日苏叔敬买到”墨笔题记。

《书集传》，蔡沉撰，为宋代《尚书》研究的最高学术成果，元仁宗皇庆二年（一三一三年）议行科举，诸经四书一是，以朱子为宗，此书被列为试士标准注本。此陈栎《尚书集传纂疏》，以疏通蔡沉《尚书集传》之意，故名曰“疏”；以纂辑诸家《尚书》之说，故名曰“纂”，合而言之，即曰“纂疏”。此本为元代官学梅溪书院刻本。梅溪书院者，原为南宋著名学者政治家王十朋（一一一二年至一一七一年）在家乡福建乐清创建。元朝时，为纪念王十朋，在其故居重建，延续至清。

陈栎（一二五二年至一三三四年），字寿翁，徽之休宁人，元代大儒。曾乡试中选，不赴礼部而教授于家，崇朱熹之学，号东皋老人，称定宇先生。一生著述较多，有《勤有堂随录》《历朝通略》诸书，著作集为《定宇集十六卷》。此本前有泰定四年陈栎序称，三十年前，时科举未兴，尝编《书解折衷》。后即以蔡传而纂疏之，遂加博采精究，方克成编。在纂辑此书时，陈栎曾受到胡一桂“缅以即《蔡

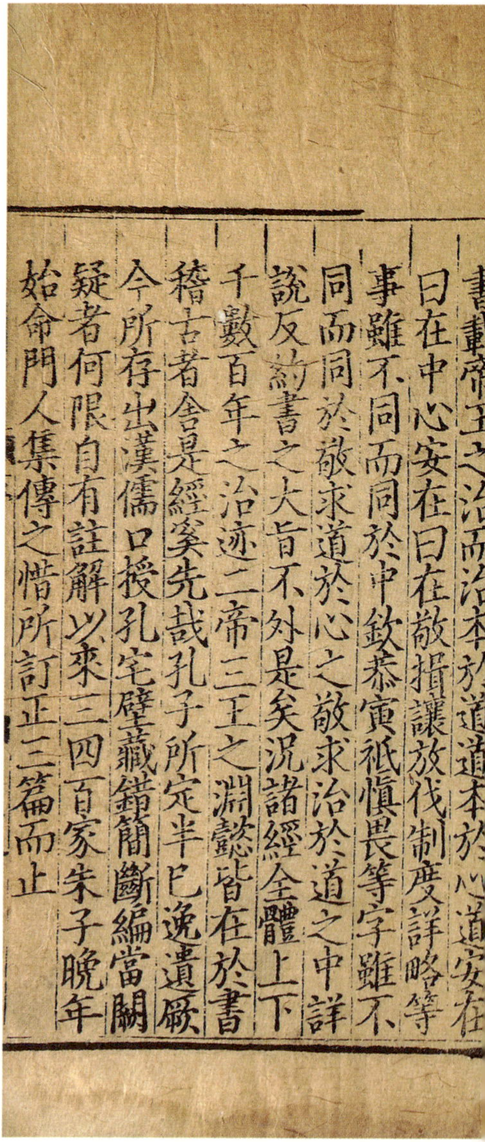
書載帝王之治而治本於道道本於心道安在
曰在中心安在曰在敬揖讓放伐制度詳略等
事雖不同而同於中欽恭寅祗慎畏等字雖不
同而同於敬求道於心之敬求治於道之中詳
說反約書之大旨不外是矣況諸經全體上下
千數百年之治迹二帝三王之淵懿皆在於書
稽古者舍是經奚先哉孔子所定半已逸遺厥
今所存出漢儒口授孔宅壁藏錯簡斷編當闕
疑者何限自有註解以來三四百家朱子晚年
始命門人集傳之惜所訂正三篇而止

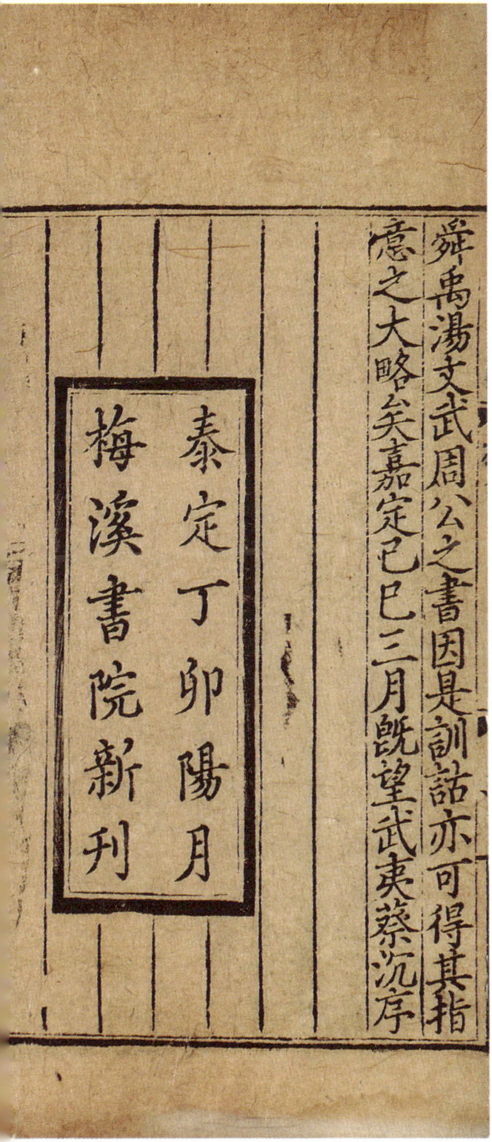

传》而纂疏之”的鼓励。陈栎完成此书约在泰定三年。次年梅溪书院梓版刻印，可谓最初刻本者也。另据陈栎序中称，幸遇古邢张子禹，命工刊刻，以与四方学者共之云。知此本乃为古邢张子禹赞襄刊刻。此本依明杨士奇之见，为元代士子三大蔡传尚书名著之一。越六百年后，元刻陈栎《尚书集传纂疏》，已不见公私家书目著录，势成孤本矣。见诸公藏目录，现存唯明天一阁抄本一部而已。

此本元刻元印，为书院之本，字体工整俊秀，开本疏朗，登元季官刻善本。内中明永乐间苏叔敬买书题记

元泰定梅溪书院刻本
《尚书集传纂疏》

尤为令人瞩目。查苏书敬其人，未见正史有传。据国家图书馆专家冀淑英先生专文《明代宫廷的图书采访》考证引，清初钱曾《读书敏求记》卷二著录《古列女传》一卷，《续列女传》一卷，下注称："牧翁乱后入燕，得于南城废殿，卷末一条云：'一本永乐二年七月二十五日苏叔敬买到。'"余案：此本《古列女传》又见《百宋一廛赋注》。

又叶昌炽《藏书纪事诗》三九九诗云："佛灯青照古城南，木叶山花共一龛。指大一签黏未脱，好从异世觅桓谭。"注称《读书敏求记》："《古列女传》七卷，《续列女传》一卷，晋大司马参军顾恺之图画，定为古本无疑。牧翁乱后入燕，得于南城废殿，卷末一条云：'一本。永乐二年七月二十五日，苏叔敬买到。'"当时采访书籍，必贴进买人氏名，郑重不苟如此，内府珍藏，流落人间，不胜百六飙回之感。《百宋一廛赋注》著录：残本任渊《山谷大全诗注》，有黏签一条云："永乐二年七月二十五日，苏叔敬买到。"抱冲道人得南城废殿本《古列女传》有此，即载于《读书敏求记》者，其外未闻更见于他书也。予尝携就小书堆验之，字迹正出一手。

又《宋季三朝纪要》元至治癸亥张氏刻本，一部四本，"永乐二年七月二十五日苏叔敬买到"。

又傅增湘《双鉴楼善本书目》卷十三《山谷诗注》十五卷宋刊残本，十行十九字，注双行，低一格，二十一字，黑口，双栏，存卷一至四、卷六至十一、卷十四至十八，凡十五卷，有"永乐二年七月二十五日苏叔敬买到”一行，墨书黄荛圃手跋，汪阆源藏印。

又《影刊宋金元明本词》景延本知常先生《云山集》章钰题跋内有：右钱遵王藏《列女传》、黄荛夫藏《山谷诗注》及今京师图书馆藏《南史》，均有“永乐二年七月苏叔敬买到”题记，与此略同。可见明代采进书籍程式。

从上可知，明永乐年间《永乐大典》编纂之时，明成祖意“毋厌浩繁”“旁搜博采”。一方面以皇家图书馆文渊阁“中秘藏书”为基本。另一方面，又派遣一些官员如苏叔敬等分赴各地，“购募天下书籍”。而采访所得书籍，依明制，必皆贴进买人姓氏名字，以小条签注购买之期。苏书敬必为编辑《永乐大典》采访书籍的承办官员。而迄今所知诸书皆签署永乐二年七月二十五日买到，应为苏书敬采买回京之期，集中登记。郑重不苟如此，正是明代内府所藏。且此本当为编辑《永乐大典》所采进之书，或为《永乐大典》之底本者也。

此书清季为著名藏书家柯逢时之物。

此书余曾于十数年前过手，今又重见，赘陈心迹，所见未知方家以为然否。昔明内府珍藏，传世遗孤，文物重宝，六百年前即如此，况于今世之人。

附录：元陈栎撰《尚书蔡氏传纂疏》提要

元泰定四年梅溪书院刻本

十二册　纸本

钤印：柯逢时印

提要：陈栎，字寿翁，徽之休宁人。宋亡，科举废，栎慨然发愤，致力于圣人之学。尝以谓有功于圣门者，莫若朱熹氏。熹没未久，而诸家之说，往往乱其本真，乃著《四书发明》《书集传纂疏》《礼记集义》等书，有畔于朱氏者，刊而去之；其微辞隐义，则引而伸之；而其所未备者，复为说以补其阙。于是朱熹之说大明于世。《元史·列传第七十六·儒学一》是书刊于元泰定四年梅溪书院，为元明之际士子学习蔡沉《书集传》之三部要著之一。流传极为罕见，各公私藏书处均未见藏，或著录不注行款，应是未见此本。是书曾归清末藏书家、湖北名宿柯逢时收藏，一直深藏，秘不示人。柯逢时（一八四五年至一九一二年），字懋修，号巽庵，鄂城人。清光绪九年（一八八三年）进士，授翰林院编修。历任江西按察使、湖南布政使、广西巡抚、兵部侍郎、督办八省膏捐大臣、兼总理各国事务大臣、湖北铁路协会名誉总理。柯一生喜著书、刻书、藏书。先后参与纂修《湖北通志》《武昌县志》《应山县志》。晚年曾刻《常山贞石志》《经史证类大观本》及《武昌医学馆丛书》。家富藏书，所藏均为四部中重要而切用者。

宋版《丹阳后集》卷十七零叶题记

文物的学术和市场价值，关键在于是否对于历史事实具有补充和纠正的贡献。一部古籍书是否有价值，是否重要，有时不在于是否完整。当然完整无缺的是完美的，但是有时不完整，甚至是只存有一叶，也同样是非常重要的文物。一九九九年春季经手的一叶宋刻本书，经有关国家文物部门鉴定，被定为国家一级文物，就是例证。这叶古籍书当时的著录文字如下。

葛胜仲撰《丹阳后集零叶》宋刊本

一页带框　黄麻纸

提要：傅增湘撰《藏园群书经眼录》卷十四：按："此书余藏大库宋刊残叶丹阳后集数叶。元明以来无刻本。"下有刻工"朱谅"。此书现各家书目，未见存本，实为环宇遗孤，弥足珍贵。

从学术意义上来看，宋刻本葛胜仲撰《丹阳后集》卷十七第七叶零叶一张，由社会征集所得，虽系一纸不盈平尺的零叶，定为国家一级文物，世所罕见，必有特殊原因。

葛胜仲，宋代词人，字鲁卿，常州江阴（今属江苏）人（《宋史》作丹阳人，误。丹阳是其晚年寓居，见本集卷二一《里中无居寓丹阳县书怀》）。哲宗绍圣四年（一〇九七年）进士。元符二年（一〇九九年），官杭州司理参军。徽宗建中靖国元年（一一〇一年）为兖州教授。崇宁二年（一一〇三年）入为太学正。大观元年（一一〇七年）充提举议历所检讨，兼宗正丞；二年，迁礼部员外郎，以事责知歙州休宁。政和三年（一一一三年）召复原职；四年，擢国子司业；六年，除国子祭酒，以言事落职提举江州太平观。宣和元年（一一一九年），起知汝州，因拒宦官李彦括田，徙湖州。宣和年间曾抵制朝廷征索花鸟玩物的弊政，气节甚伟，著名于时。高宗建炎四年（一一三〇年），起再知湖州。绍兴元年（一一三一年），致仕归；十四年，卒，年七十三，谥文康。《宋史》卷四四五有传。著有《丹阳词》传世。

葛胜仲一生为官，词不可言多，太半为公务之余，登山览水，填词自遣，意境好，格调不高。后人编辑的《全宋词》中，收录葛胜仲的词八十二首。颇有特点的如《江神子・初至休宁冬夜作》：

昏昏雪意惨云容，猎霜风，岁将穷。流落天涯，憔悴一衰翁。清夜小窗围兽火，倾酒绿，借颜红。官梅疏艳小壶中，暗香浓，玉玲珑。对景忽惊，身在大江东。上国故人谁念我，晴嶂远，暮云重。

词写岁暮冬夜“憔悴一衰翁”“流落天涯”的凄苦心境。他不奈羁旅的愁思，独自在冬夜的小窗下火盆旁，借酒浇愁。词中借梅花自喻，虽在官衙内小壶中，身有羁绊，仍玲珑剔透，暗香浮动，傲霜斗雪。身在被贬偏远小城，心仍在江南。知己虽念，但关山重重，路途遥远，难相慰安怀念。

另如《点绛唇·县斋愁坐作》：

秋晚寒斋，藜床香篆横轻雾。闲愁几许，梦逐芭蕉雨。云外哀鸿，似替幽人语。归不去，乱山无数，斜日荒城鼓。

此篇写词人县衙愁坐的情思。主人公坐在简陋的藜木床上愁思闷想，看如篆字的熏香袅袅，梦幻之中听到雨打芭蕉的淅沥之声。仰望室外，只见天高云淡。孤鸿远去，身处一片荒城之中，听暮鼓声声，那迁客羁臣凄凉孤寂的感受何处诉说。晚秋寒斋、芭蕉夜雨、云外哀鸿、乱山无数、斜日荒城、暮鼓声声，勾出了一个典型环境，描绘出一位寒斋愁坐的落魄人物形象。

葛胜仲为官在京师二十年。长期在太学任职，多年担任太学的正副长官，还临时兼任礼部试的考官，加上兼任太子府的学官，在士大夫中颇有名望。著有文集八十卷，外集二十卷。他的《丹阳集》二十四卷，《丹阳词》一卷被收入《四库全书》。《丹阳集》八十卷本、外集二十卷本，已佚。清四库馆臣据《永乐大典》辑出《丹阳集》二十四卷本，其中诗七卷。尽管四库馆臣从《永乐大典》中辑佚出葛胜仲著述二十四卷，但是，《丹阳集》八十卷本和《后集》二十卷本，宋代是否有刊刻，仍不知晓。

直到民国初年，内阁大库“八千麻袋”事发，大量原存内阁大库之物散出，著名版本专家和古籍收藏家傅增湘先生，从中发现了《丹阳后集》的零叶。傅增湘先生在《藏园群书经眼录》卷十四著录：“此书余藏大库宋刊残叶《丹阳后集》数叶。元明以来无刻本。”世之所存，仅此数叶。然此数叶证明了，葛胜仲的《丹阳集》在宋代已经刊刻的事实。故此虽零叶，然重要意义非凡，鉴于此，国家有关方面将此叶定为国家一级文物，事出有因，且定位无误。

所见此叶《丹阳后集》，版心中有刻工名“朱谅”二字。查朱谅为南宋时期的名刻工，曾经参与过宋绍兴年间浙江地区刻本《水经注四十卷》；又见于南宋抚州地区刻本《侍郎葛公归愚集十卷》，宋葛立方撰。葛立方（？至一一六四年），南宋诗论家、词人。字常之，自号懒真子。丹阳（今属江苏）人，后定居湖州吴兴（今浙江湖州）。其父葛胜仲也是填词名家，父子齐名于世。葛立方于绍兴八年（一一三八年）举进士。曾任正字、校书郎及考功员外郎等职。后因忤怒秦桧，罢吏部侍郎，出知袁州、宣州。二十六年致休吴兴汛金溪上。隆兴二年卒。《宋史》附《葛宫传》。事迹另见于《建炎以来系年要录》。清人缪荃孙撰有《葛立方传》刊于《归愚集》卷末。由此可见，刻工朱谅，不仅参与了葛胜仲的诗文集刊刻，而且也参与了葛胜仲之子葛立方的诗文集刊刻。

再此叶书框上部和右部均已被裁去，知此叶行款尚不可定。事后，余有机会赴傅熹年先生府上，一睹仍存《宋元书影》，其中又见一叶，亦为《丹阳后集》零叶。装裱形式，残损状态，一如所参拍之件。余问及斯事，傅先生告知，“文化大革命”期间家中被抄，其中收藏有所散失。此《丹阳后集》零叶，乃其中散失者。时过积久，不予追究。至此，余所过手的这叶《丹阳后集》，原为傅增湘先生的双鉴楼旧藏。得者可知此叶由来原委也。

乾隆御笔《补咏安南战图六律》

乾隆晚年，安南（今越南）因政权更迭，战乱四起。阮文岳、阮惠兄弟率兵推翻安南黎氏王朝，国王黎维祁出走，向清廷求援。乾隆鉴于自康熙五年（一六六六年），清廷册封大越王黎维禧为安南国王，决定出兵恢复黎氏王朝在安南的统治。乾隆皇帝令两广总督孙士毅统军出征。初战顺利，黎维祁重新承袭了王位。次年安南阮惠军大举反攻，清军损兵折将，大败退兵。安南阮惠击溃清军，再次灭了黎朝，但他深知要想稳定秩序，加强统治，必须经过清王朝的承认与册封才能取得合法地位。于是阮惠谋求改善与清朝的关系，以改变清廷“扶黎灭阮”的政策。乾隆皇帝面对阮惠势力已经控制安南的现状，趁势决定改变对安南的政策，由扶黎改为扶阮，册封阮惠为安南国王。乾隆皇帝为了纪念清军出兵安南的数次战役，同时褒扬在平安南战役中广西提督许世亨、总兵尚维屏、张朝龙等将

而成功者蔑勝焉 至黎城

黎維祁仍棄其國可謂變出不意然
予調福康安為兩廣總督仍將集兵
聲討追阮惠再四籲懇又遣親姪阮
光顯詣福康安處賚表求降福康安
察其情形實出至誠後據情入告
予因思黎維祁不能立國阮徽
天厭而中國又不利其服而究即
使蕆兵聲討亦不過歸於
未必即服其心則何如此之不戰而
屈者歸於中誠蔵功寧衆轉為大順
之機是更足以見
天
心之佑予躬實為至厚耳

是豈人
力所謀乎
天也藐躬臨蒞五十四載
受
天之佑不一而足而於安南
之事復不戰而成功則予
之所感激
鴻貺益深敬畏者當何如
間嘗論之使孫士毅文
黎城之後即能銳師至
廣南獲阮惠手又如孫
士毅遵旨早班師雖無

臣者其事不同而心則同
茲事機之會總戎振旅
以歸三將入藩國立祠酬
忠且阮惠因有此過而
畏罪求降不勞一旅以定
海邦是皆
昊運旋轉默為呵護豈予
一人思慮所能及哉自茲
以後益深敬勤靜待
天恩六年歸政夫何敢更
生別念乎此補詠安
戰圖之什所由作也
嘉觀訶諒之戰
孫士毅出鎮南關在諒
山分兵兩路一由枚坡
令參將張純等至嘉
路會齊一由江漢會總
兵張朝龍等徑趨三異

簞食壺漿多順迎惶
當大車轍嘉觀一戰赫先
聲
三異柱右之戰
總兵張朝龍統兵三千
名內分一千五百
參將張純帶領從嘉觀
前進張朝龍帶一千五
百名從三異繞至柱右
等處夾攻殲戮奪獲些
糧軍械無算生擒賊匪
一百餘名而副將慶成
另帶兵三百名伏於附
近柱右之頡縂地方先
擒已降復叛之陳
解赴軍營正法尤强人
意

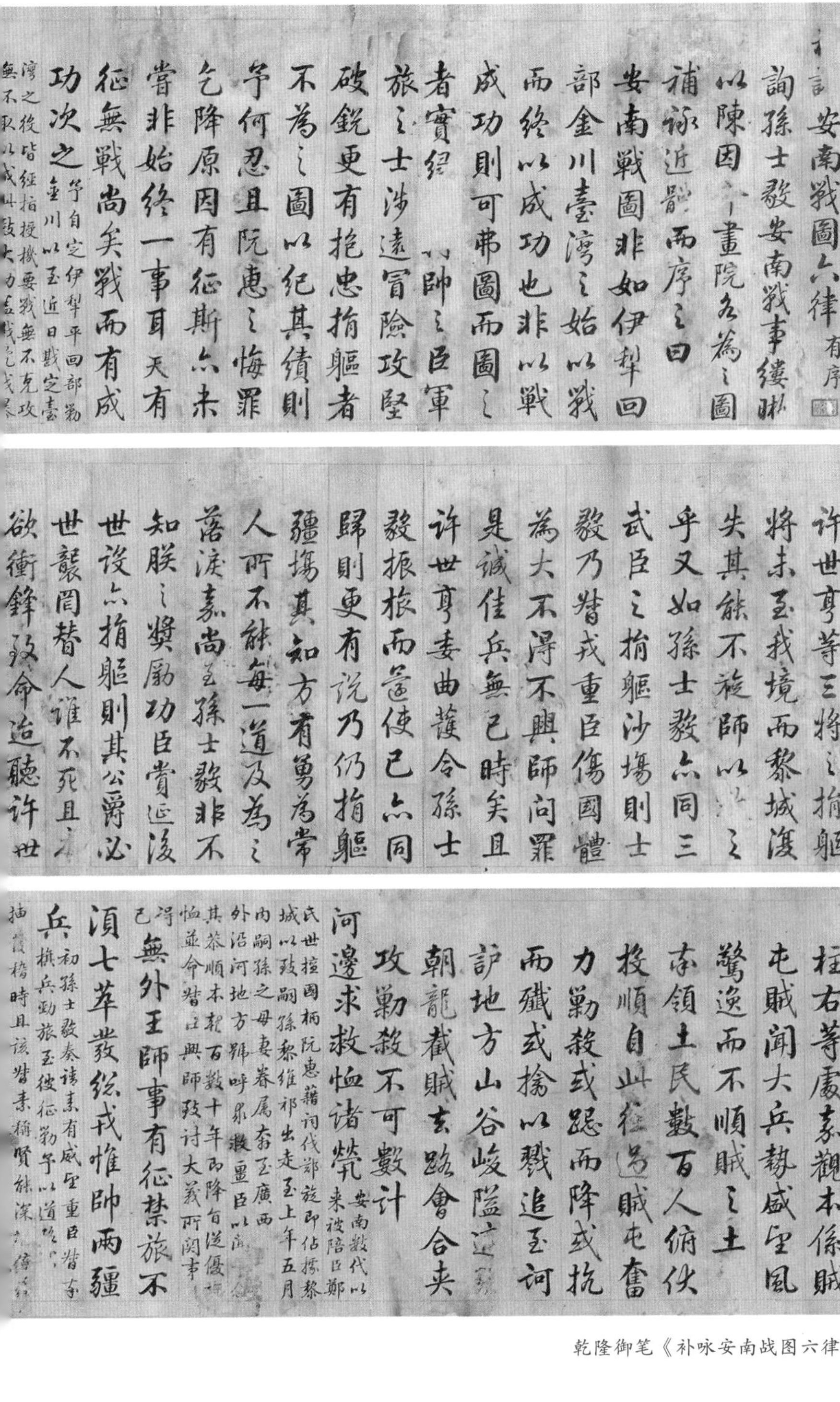

乾隆御笔《补咏安南战图六律》

編筏刻即奪江而前無
不餘勇可賈
三江橫亘此爲脣固守〻
攖寨要津乘霧定方掩牙
帳渡瀘卜漏失重垠 賊人滿擁大兵
由一路前進是以設寨屯劄希截我糧運不料大兵各路俱進無從掩襲
退保壽昌市球富良三江以爲堅拒計及尚維昇與慶成等連夜帶兵一千
二百名兼程前進五鼓抵壽昌江岸乘霧殲戮浮橋阮鈕立即斫竹編筏迅刻
渡江奮勇追剿賊人所恃之險已奪其一自此遂成破竹之勢擬之唐蘇定方
乘霧襲頡利牙帳宋趙遹計破瀘戎卜漏特險事頗覺相類
攻
悉銳已奪魄砍竹編槎一
當（去聲）輪將領前驅衆軍奮
嘉其同是漢軍人 尚維昇乃國初所封平南
王尚可喜之後裔與慶成同係漢軍此番奮力均堪嘉予
市球江之戰
官兵抵市球江賊人蟻
聚南岸頗有自高壓下
之勢以是連日衝奪不

威鼓衆志維揚企績崇
富良江之戰
富良江乃黎城門户賊
人見官兵將至將大小
船隻收至南岸江心并
放鎗礮我兵不能迅渡
孫士毅察看賊匪勢漸
潰亂令將弁用農家
船及竹筏於日間剿殺
江心賊匪而於次日五
鼓許世亨率二百餘人
直至彼岸賊人昏夜
間不辨兵數窘迫無措
縱而我兵搶奪數船更
番濟渡痛加剿戮并燒
沉江心賊船十餘隻全
軍渡江黎氏宗族及百
姓人等遂開城出降不
攻而克

罪歸順出於至誠乎亦
不欲爲已甚因即允其
所請徹兵阮惠先遣其
親姪阮光顯入覲輸忱並
稱明歲當親詣闕廷祝釐
因以乞封昨接表文嘉其
情詞真摯急欲得天朝封
號爲榮遂即勅封爲安南
國王茲阮光顯來至山莊
正屆萬壽節令其一體
宴用示恩榮
誰能不戰屈人兵戰後畏
威懷乃誠黎氏可憐受
天厭阮家應與錫朝禎今
秋已自親姪遣明歲亟
躬已行似此輸忱外邦鮮
嘉哉那忍靳恩榮
乾隆己酉仲秋月上澣
避暑山莊御筆

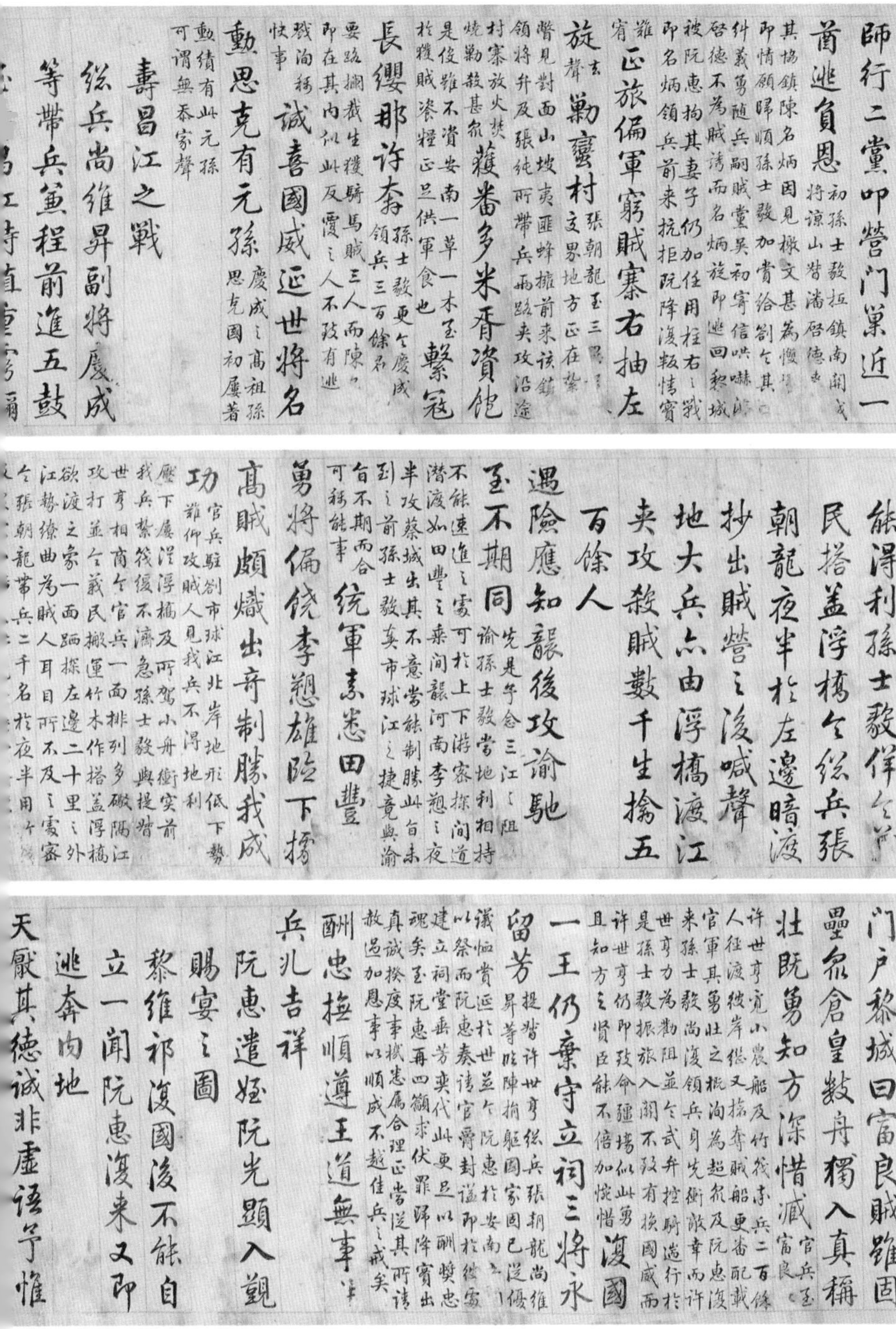

乾隆御笔《补咏安南战图六律》

士效命朝廷功绩，以及安南王阮惠遣其侄阮光显奉表到达避暑山庄觐见，谕令绘制《平定安南战图》册（共六开）。为此六幅战图乾隆御书七律诗六首，并作长序。即此卷《补咏安南战图六律》。

考此卷内容，当为乾隆题咏安南战图最初最完整的书卷。

查原内府收藏的彩绘本《安南战图》，落款乾隆己酉（乾隆五十四年），佚名。此图内御题诗和卷首长序内容与此卷相同，未经修改，然各图诗前小序，以及诗中、序文中的注释小字文字，全部被删去。故此图中的文字不及此卷完整。

又查乾隆五十五年内府铜版印本《平定安南得胜图》，各图上端有乾隆皇帝御题诗文。据《清内府造办处舆房目录》称有《平定安南战图》共九份，墨绘本一份，原签“杨大章绘”，余为墨印。此铜版文字与内府彩绘本的御制诗文文字不同，与此卷文字亦不相同。且所有序文及其注释文字全部删除。故铜版《安南战图》御题诗文，不仅做了诸多修改，而且内容最为缺少。

再查乾隆六十年刻本《清高宗御制诗五集》，内中文字包括前序、诗前小序以及序文和诗文中的注释文字，与内府藏彩绘本战图、内府铜版战图文字相比最为全面完整。然而与此卷校勘可知，御制诗集将此卷中所有的诗文和注释文字改动三十余处，凡涉及用词“贼”“夷”等贬义者，均改为中性文字。如此卷中《嘉观诃泸之战》序文“本系贼屯，贼闻大兵”；《御制诗五集》改作“屯聚多人，一闻大兵”。此番改动必与乾隆前后对安南阮氏的政治态度转变有关。

乾隆扶黎改为扶阮，册封阮惠为安南国王，原来行文中对阮氏的贬义称呼就已不合时宜，故收入文集时又作修改。此番修改，可证此卷为乾隆最早《补咏安南战图六律》的原始文本。

此御制书卷，虽流传保护不佳，略有残损文字，所幸不伤大体，况其为现存最早最完整最原始的乾隆《补咏安南战图六律》文字书法资料，具有重要的文物历史文化价值，若无此卷一现，吾辈安知现存资料的删改耶。故世人不当因品相，而舍弃其大意也。

《明杨继盛劾严嵩疏稿墨迹》题记

此卷为明杨继盛劾严嵩《请诛贼臣疏》原稿。明写本，一卷，纸本。尾有题跋，章怀、陈经、蒋此镛、陈纲、缪湘、殷兆镛、庄人宝、何长治、许瑶光、杨象济、彭慰高、沈吾等。

杨继盛（一五一六年至一五五五年），字仲芳，号椒山，河北容城人。嘉靖二十六年进士，官历南京兵部员外郎、刑部员外郎、兵部武选司员外郎等。椒山先生一生官职未过五品，然而是有明一代的第一直谏之臣。明嘉靖三十年，椒山先生以疏谏大将军仇鸾畏寇，请开蒙古俺答部马市，触怒嘉靖皇帝，贬陕西狄道（今甘肃临洮）典史。未几俺答毁约入侵，仇鸾伏诛，帝思椒山先生所言，且严嵩恨鸾陵己，欲拢先生，遂数月间四升椒山先生官职，至嘉靖三十一年十一月由淮南中途调京任兵部武选司。然椒山先生恶严嵩更甚于仇鸾，于淮南赴京途中拟疏劾严嵩，嘉靖三十二年正月十八日奏疏上，再次触怒嘉靖帝，下锦衣卫镇抚司狱，杖百打问，坐狱三载，于嘉靖三十四年十月间斩京城西市，刑前椒山先生从容赋诗："生前未了事，留与后人补。"十年后，严嵩削籍为民，抄没家产。十一年后，椒山先生平反追谥忠愍。

椒山先生自嘉靖三十一年十一月，由淮南返京，至次年正月十八日上劾严嵩疏，究竟几易其稿，未有定数。兹据近年陈智超先生考证，至少有四："初稿"，书于淮南至京途中，现存美国哈佛大学燕京图书馆；"真本"，不知下落；"真本修改本"，今存河北省博物馆；"呈进本定本"，不知下落。

以此观之，椒山先生劾严嵩疏定本应呈进宫之外，至少有"真本"尚不知其下落。今得见锡山沈氏旧藏椒山先生劾严嵩疏稿一卷，观其内容断非"真本"，其字迹，及修改处，较河北省博物馆存本，字工、修改者鲜见，更况自嘉靖三十二年正月初二日至正月十八日，杨继盛有十六天修改"真本"，自应留有誊清本，并按奏疏格式抄写呈进定本，故河北省博物馆存本当为真本修订本，此本当为真本修订本的誊清本。且锡山沈氏旧藏本内有杨象济题跋，此人曾于道光二十七年在京城，为杨氏旧宅"谏草亭"，摹刻《杨继盛劾严嵩疏稿》（依据河北省博物馆存本）撰记，曾见《杨继盛劾严嵩疏稿》。故杨象济题跋称，此卷"庚申兵焚，劾嵩疏稿流落南方，吴江沈笠卿得之"。且称此卷，亦从杨氏后裔出。此言与卷中诸多题跋时间暗合。

《杨继盛劾严嵩疏稿》为明朝二百七十余年第一忠谏讨逆檄文，忠烈魂血所聚，自有神明护持，世人鉴之宝之。

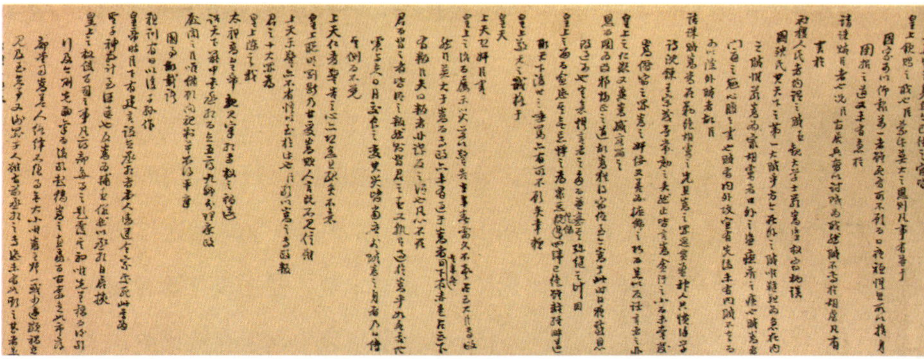

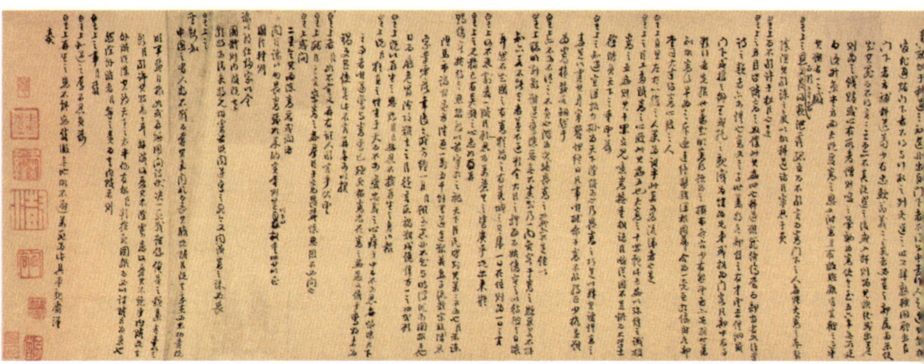

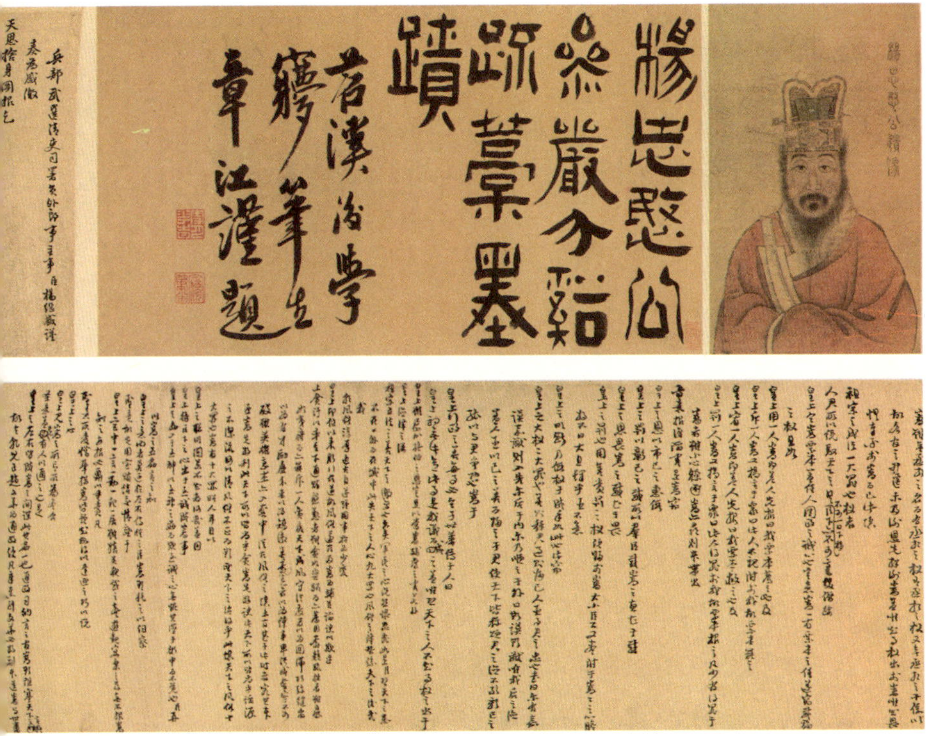

《明杨继盛劾严嵩疏稿墨迹》

《陈介祺致吴云书札》校勘小记

陈介祺致吴云书札，今之所见者，载于民国八年上海商务印书馆涵芬楼影印《簠斋尺牍》，计十二册，仁和陈敬第辑，收录尺牍皆陈氏晚年致金石好友所作，其中第十一至十二册为簠斋致吴云书札，起自同治壬申年三月，至光绪庚辰年七月，计二十四通。

簠斋友朋书札，素为同辈和后世看重，盖因其与诸君“并相约以识古文字论古文字为语，不涉入赏玩色泽语也”。因此，簠斋寄出的尺牍，动辄三四千言，几无客套虚言，皆为切磋琢磨，质疑问难的学术之议论。其识见卓踔群伦，金石同道友人或为其对金石文字的高谈宏论，或为其诚笃之心所折服，故其书札，当时即被人争相传阅和传抄，装册珍藏。如密友李佐贤将借来的簠斋书札抄还时，竟自诩称:“人有古董，我有今董”之语。书札是簠斋与金石同道交流学术的最主要途径，从同治十一年（一八七二年）至光绪十年

（一八八四年）其间留下的大量书札，包含了他的大部分金石学术思想，所论之语多从实践中所悟，有感而发，精警博洽。簠斋晚年书札有一重要的部分，是与吴云的书札。归安吴云与陈介祺年龄属平辈，是其晚年的金石挚友。

己未年（一九一九年）夏日，仁和陈敬第（叔通）将藏弆及商借的陈介祺致潘祖荫、王懿荣、鲍康、谭雨帆、李韦卿、吴云等手札，委上海商务印书馆影印成《簠斋尺牍》，其中第十一、十二册，即影印《簠斋致吴云尺牍》。然而商务印书馆影印的底本，为章钰手录的副本，并非此《陈介祺致吴云书札》原稿。光绪乙巳年（一九〇五年）十一月，长洲章钰（式之）游沪上，曾于吴昌绶（伯宛）处借得陈介祺致吴云尺牍数十纸，章氏录为副本一册。

章钰（一八六四年至一九三四年），近代藏书家、校勘学家。字式之，号茗簃，一字坚孟，号汝玉，别号蛰存、负翁，晚号北池逸老、霜根老人、全贫居士等。江苏长洲（今苏州）人。一九〇三年（光绪二十九年）进士，官至一等秘书，事务司主管兼京师图书馆编修。辛亥革命后，寓天津，以收藏、校书、著述为业。一九一四年任清史馆纂修。家有藏书处称“四当斋”，储书万册。另有“算鹤量琴室”，聚书两万余册，抄本甚多，有近百种，多是名人著述。藏书在其去世后，后人遵其遗嘱全部赠送给燕京大学图书馆，顾廷龙先生为之编辑有《章氏四当斋藏书目》三卷，著录其藏书为三千三百六十八部，后归于国家图书馆。拓片被国家图书馆列为专

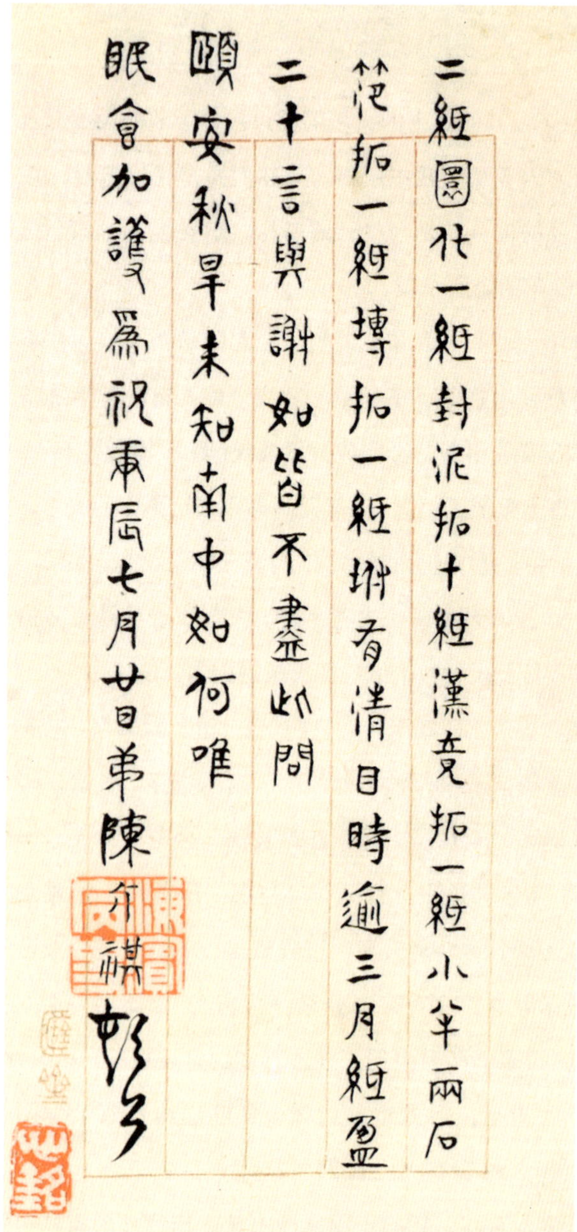

二紙圜化一紙封泥拓十紙漢竟拓一紙小半兩石笵拓一紙塼拓一紙琳有清目時逾三月紙盈二十言與謝如皆不盡此問頤安秋旱未知南中如何唯眠食加護為祝庚辰七月廿日弟陳介祺頓首

《陈介祺致吴云书札》

藏，达一千八百七十九种。著有《四当斋集》《宋史校勘记》《钱遵王读书敏求记校正》《胡刻通鉴正文校字记》等。

章氏抄录固为善举，确为后世学者留下缘福功德。唯令人所憾者，在传抄文牍过程中，不论名家与否，大凡抄书，必有笔误和脱讹之处，今古一例，此系在所难免之事。因而，上海商务影印出版的章钰抄本也不例外。笔者为此将影印出版的章钰抄本，与此原稿校勘一过，校勘小记如下：

脱字　章氏抄本脱字凡十五处；

讹误　章氏抄本抄录错误的字，凡三十七处；

笔误　章氏抄本笔误，原本没有，而多出的字凡有五处；

疑字　原件中的一些字迹辨认，与章氏抄本录文某些文字比较，尚未确定的文字有一处。

尝云陈簠斋尺牍文字，是其金石活动及学术思想感悟凝结，虽不可谓字字珠玑，但一字千金实不为过也。《簠斋尺牍》是研究陈介祺学术观点的重要资料，需要慧心神理，潜心细参，用志覃研，不容如此之多的错讹。章钰抄本的错讹问题，有些非常严重，恐令后世学者和读者难以理解书札其中所言之意，也无法理解陈介祺的论述意思。

举例来说：陈介祺原稿壬申九月二日致吴云书札，论述书法时，写道："由篆变隶而篆法失，隶之佳者其犹有篆法者也；由隶变楷而隶法失，其楷之佳者犹有隶法者也。"

章钰抄本作："由篆变隶而隶法失，隶之佳者其犹有篆法者也；由隶变楷而楷法失，其楷之佳者犹有隶法者也。"

这是一段簠斋关于中国古代书法史非常精辟的见解，由于产生关键的两个字抄错，前句中的"篆"，错抄成"隶"，后句中的"隶"，抄错成"楷"，这两个文字讹误的严重性，致令后人无法理解陈簠斋整段文字的原意。因此，陈介祺致吴云书札原稿，有着不可替代的学术价值和意义。

故将此校记，以影印抄本页码及行数为序，刊布于此，纠谬正讹，以备读者明辨。

页码	行数	章钰本	原稿本	备注
p.986	4	一鼎二酉	二鼎一酉	误
p.987	6	米拓	未拓	误
p.995	1	方谓	方为	误
p.995	6	横纸	横线	误
p.996	4	隶法失	篆法失	误
p.996	5	楷法失	隶法失	误
p.999	2	其妾哀痛	其妾痛之	衍
p.999	7	晚年取得	晚年所得	误
p.1002	6	断目	断自	误

（续表）

页码	行数	章钰本	原稿本	备注
p.1014	3	可得	可增	误
p.1014	5	特恳	特重恳	脱
p.1030	5	释同	释？同	脱
p.1034	8	用宽	用太宽	脱
p.1042	7	德榆	德树	误
p.1043	5	就正	求证	误
p.1055	2	七月书	七月末书	脱
p.1055	4	所能及	所及	衍
p.1056	6	发寄	发写	误
p.1057	1	否则听非	否则听之非	脱
p.1057	8	纸彼	纸来彼	脱
p.1059	2	健羡	驰羡	误
p.1059	5	谨附	敬附	误
p.1061	2	将军章	将军之章	脱
p.1066	7	大小之异	大小异	衍
p.1067	2	大舟	六舟	误
p.1067	4	手加贡抵	横抵	误
p.1067	5	？者	素者	误
p.1068	2	中收	力收	误
p.1069	2	未缴	未緻	误

（续表）

页码	行数	章钰本	原稿本	备注
p.1070	6	子丰	子年	误
p.1079	1	纬功	纬卿	误
p.1090	2	衔之	鄙之	误
p.1101	8	即贺	即颂	误
p.1102	4	瓦拓二纸	瓦拓三纸	误
p.1103	5	蔽天地	发天地	误
p.1103	6	南中	南天	误
p.1105	7	许氏	许书	误
p.1106	6	许氏	许书	误
p.1107	2	古字	古文字	脱
p.1109	3	其甚古	其至古	误
p.1111	4	最多	独多	误
p.1112	4	臣余义钟	臣钟	衍
p.1112	6	汉阳	汉阳之	脱
p.1114	7	纬兄	韩兄	误
p.1116	4	真乐	至乐	误
p.1116	4	也示	也所示	脱
p.1118	2	谢谢	谢敬谢	脱
p.1118	7	口	旧	疑
p.1119	3	来图	就来图	脱

（续表）

页码	行数	章钰本	原稿本	备注
p.1119	4	夫是	父是	误
p.1119	5	当称	与称	误
p.1119	7	今所	今日所	脱
p.1121	4	装锦	装饰	误
p.1122	4	备不	备石	误
p.1122	5	藏嘉	藏阳嘉	脱
p.1122	6	可作	可从	误
p.1124	8	纬功兄	纬功	衍
p.1125	8	分奉	分谨以一分奉	脱
p.1126	2	邢钟	井加耳钟？	误

另外，商务影印的章钰抄本，由于抄写过程中有补抄，因而抄本未能按照书信时间排序抄写，前后穿插，令读者不便。此次影印原稿顺便调整次第。且有一段附言文字抄写时连接有误，此次亦按原稿及吴昌绶目录，重新排定。故将此《陈介祺致吴云书札》原稿影印刊出，并附此校勘小记云。

注：《陈介祺致吴云书札》，2014 年文物出版社影印出版。

一幅云门大卷

——毕刻《经训堂帖》黄庭坚《梵志诗》底本

众所周知，清乾隆年间毕沅，曾经家刻了一套丛帖《经训堂帖》。毕沅，字秋帆，号灵岩山人，江苏太仓人，乾隆二十五年状元，官陕西巡抚、湖广总督。他嗜好金石文字，著有《关中金石记》《中州金石记》《山左金石志》《三楚金石志》《两浙金石志》等。编辑刻书有《经训堂丛书》。其刻丛帖《经训堂帖》卷二内有黄庭坚书《梵志诗》。其书法结字中紧，笔锋刚劲，有一种令人感到在“轴”与“涩”中有流畅与优美的灵动，就像正在上演一台“云门大卷”一样，时而如行云流水，时而如洪流奔腾，起落有制，收放自如，轻重缓急，远近间距，长短平衡，令人新鲜而惊异，佩慰而赞叹。

何谓“云门大卷”？据《周礼·春官大司乐》记载，知此为三千年前周朝所定的六大乐舞之一。相传为华夏鼻祖黄帝时编排，周朝时教公卿大夫之子弟习之，惜此乐舞今已失传久矣。舞蹈为何称“云门”呢？遐想云门，云乃蒸腾之气，门者闭合之闸也。云门乐舞，当可使其犹如行云，幻幻缓若纤纤仙子，漫舞轻纱似飘渺流水；亦可使其如云涛，浩浩动若咄咄虎贲，上下翻滚犹奔流巨涛，那乐、那舞、那势，定与黄帝一统华夏时的英雄时代相匹配，将人间天下事，一如宫阙内的乐舞，收放自如。那么云门大卷乐舞究竟是什么样子的？可惜已经失传了，后人无论将它想象成什么，都没有错，因为没有人知道它到底是什么样子了。只要它是跌宕起伏，动静自然，波澜壮阔，美轮美奂的盛乐华章，那也许就是云门大卷了，因为它华美，它壮观，它震撼，这才是云门大卷的追求和本质。黄庭坚书《梵志诗》犹如消失的云门大卷。

黄庭坚，中国北宋时期的著名书法家。他与苏轼、米芾、蔡襄并称为“宋四家”。黄庭坚书法受到焦山《瘗鹤铭》（南梁摩崖刻石，楷书）书体的启发，奠定了黄庭坚的字形基础，行草书形成自己的风格。黄庭坚行书凝练有力，结构奇特，几乎每一字都有一些夸张的长笔画，并尽力送出，形成中宫紧收、四缘发散的崭新结字方法。在他以前，圆转、流畅是草书的基调。而黄庭坚的草书单字结构奇险，章法富有创造性，经常运用移位的方法打破单字之间的界限，使线条形成新的组合，节奏变化强烈，因此具有特殊的魅力。用笔如冯班《钝吟杂录》所讲：“笔从画中起，回笔至左顿腕，实画至右住处，却又跳转，正如阵云之遇风，往而却回也。”他的起笔处欲右先左，由画中藏锋逆入至左顿笔，然后平出，无平不陂，下笔着意变化，收笔处回锋藏颖。其结体从颜鲁公《八关斋会报得记》来，

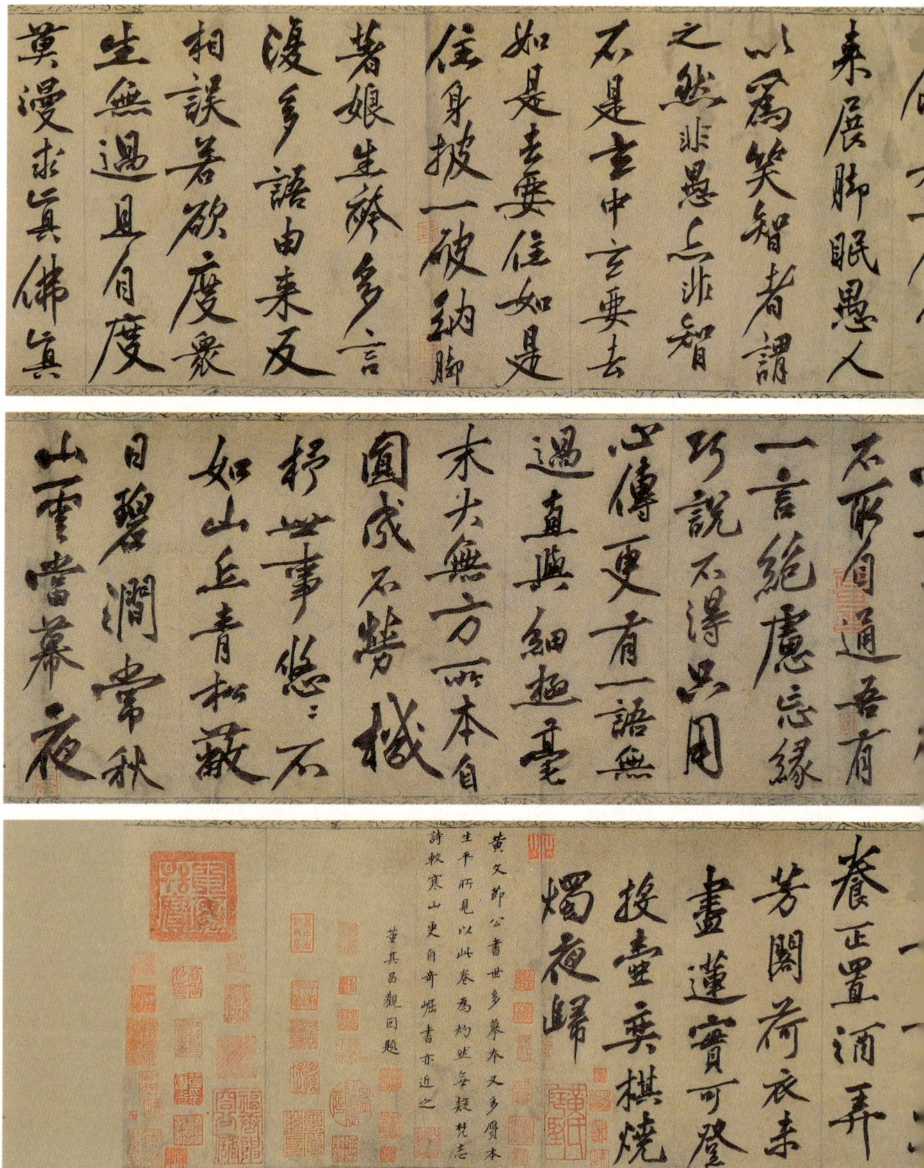

毕刻《经训堂贴》黄庭坚《梵志诗》底本

兀然無事無改
換無事何須
論一段直心無散
亂他事不須斷
過去已過去未
來何用筭兀然
无事何曾有人喚
向外覓工夫總是
癡頑漢糧不畜一
粒逢飯但知㗖
世間多事人相

佛不可見妙性
及靈臺何曾受
薰鍊心是無事
心面是娘生面劫
石可動搖个中
無改變無事何
須讀文字削除
人我本冥合个
中意種種勞觔
骨不如林下睡
兀兀舉頭見日出

月為鉤卧藤
蘿下塊石枕頭
不朝天子豈羨
王侯生死無慮
更復何憂水
月無形我常
只寧萬法皆爾
本自无生兀然
無事坐春來
草自青
元符三年七
月涪翁自戎

中宫收紧，由中心向外作辐射状，纵伸横逸，如荡桨，如撑舟，书风绵劲迟涩。

纵观此帖黄庭坚《梵志诗》，中宫紧蹙，书法遒劲，流畅，动静自如，气魄宏大，气宇轩昂，不似寻常所见的黄山谷书法，抻胳膊蹬腿，架构堂皇。当然，仅看到毕沅家刻《经训堂帖》黄庭坚书《梵志诗》，实不敢妄论，现在原稿现世，看原稿与见到刻帖的感觉有差异。依我所见，任何书法作品，包括碑文、墓志、书法等手书原稿，与上石之后的感觉都有差别，究其原因，系刻工二次艺术加工所致。此《梵志诗》原稿与毕刻拓片的感觉差异之因就在于此。

董其昌收藏极丰，见多识广。在董其昌的《戏鸿堂帖》中就有传统黄庭坚的书法作品，且不止一件。即如此，董其昌认定此《梵志诗》是黄字。称：黄文节公书世多摹本，又多赝本，生平所见，以此卷为灼然无疑。《梵志诗》较寒山更自崛奇，书亦近之。

明末张丑，著有《清河秘箧书画表》，内中记载其家收藏的历代名迹有书法四十九件、绘画一百一十五件，如陆机《平复帖》、王羲之《二谢帖》、王献之《中秋帖》、展子虔《游春图》、张旭《春草帖》、颜真卿《刘中使帖》、黄庭坚《伏波神祠诗》等。《梵志诗》与《伏波神祠诗》字体显有不同，然张丑认定此卷为黄字无疑。

直至清初的高士奇，更是出入非同一般的人物。在其著作《江村消夏录》也著录了不止一件黄庭坚书法，他也认定此件作品为黄字，而且为此花了大把的银子，收入囊中。

明末至清初，书家藏家众口一词，认定此卷《梵志诗》为黄庭坚真迹无疑。何也？究竟是何原因我们今天已经无法去猜度了。有论者云“不得其解”。有一点是可以确定的，那就是此卷《梵志诗》书法水平太高了。这就是董其昌所说的“更自崛奇”，所谓“崛”者，字更中紧而硬；“奇”者，不似常见者，以至于犹如云门之舞的《梵志诗》书法大卷，龙飞凤舞，惊天动地。正因为如此，毕沅才将《梵志诗》刻进了家刻丛帖《经训堂帖》之中，以求万年之隽永，化身千百，士人尽享其美也。且不敢妄论毕沅的鉴赏水准，可想毕沅绝不可能拿自己的家刻丛帖开玩笑。这可是传之天下，可能招惹天下非议的大事！

收藏也是名家递藏，明有张丑、清初有高士奇、清中毕秋帆、清末顾氏过云楼、清末民初完颜家。并有以下文献著录。

张丑：《清河书画舫》

顾复：《平生壮观》卷二

高士奇：《江村消夏录》卷二

高士奇：《江村书画目》

陆时化：《吴越所见书画录》

毕沅：《经训堂法帖》

顾鹤逸：《过云楼书画记》

缪荃孙：《云自在龛随笔》五十一条

裴景福：《壮陶阁书画录》卷四

一段旷世奇闻

——《铜官感旧图》叙

人们以往常常感慨于春秋时期忠臣介子推的故事。

以前总说这是人们编的故事。两千多年后，还真的出了这样的故事，这一段鲜为人知的旷世奇闻，令世人慨叹世事弄人，才成就了一部史诗般的壮观之作——《铜官感旧图》。

说的是咸丰年间，洪秀全金田举义，师出两广两湖两江，直克金陵，江南震动，朝廷震动。时在湖南老家丁母忧守制的曾国藩，组织地方团练，编成了一支与八旗不同的军队——湘军。于一八五四年发布《讨粤匪檄》，出师湖南，征讨太平军。同年五月靖港首战。当时，曾国藩错误估计太平军的西征军主力驻扎在湘潭、岳州、武昌，像靖港这样的小地方绝不可能有数量很多的太平军。曾国藩判断轻敌，只点水师一千多人、战船四十艘，选陆勇八百人出战靖港。曾国藩的指挥船，驻在靖港上游的白沙洲，大队湘军水师战船则直扑靖港。到达太平军营垒时，才发现是一个空城计。只听得一声炮响，太平军从铜官山上杀出。同时，芦苇荡中杀出太平军数百条战船。湘军陆勇兵溃，水师也早已失去了战斗能力。李续宾命令陆师从岸上冲锋，抵挡铜官山上杀下来的太平军。但兵败如山倒，水陆湘军大溃，如何可以抵挡。一向自负的曾国藩面对靖港惨败，感到奇耻大辱，如何颜面对朝廷，如何颜面对乡梓父老，如何突围脱险，压得曾国藩喘不过气来。他无法面对这一切，自觉得苟活无意，便走出船舱，“公猝赴水”，跳入了滚滚湘江。这一跳可是非同小可，系关大清和中国的历史命运。因为之后的大清朝命运、中国近代的命运，都与此人的命运息息相关。这时出现了一个人——章寿麟。章寿麟，字价人，是曾国藩府中一位不起眼的幕客。此人随曾国藩攻靖港，见兵败，料到曾国藩会投水求死，于是暗中尾随。就是这样一个不起眼的幕客，在关键时刻发挥了重要作用。在曾国藩跳入湘江的时候，湘江上依旧炮火连天，看见曾国藩跳水的没几人，幕客章寿麟赶紧纵身入水，奋不顾身地将曾国藩拖了上来，“掖公登舟”，扶进船舱中。一心求死的曾国藩想再次跳水自杀，被章寿麟死死抱住，章还冒称湘潭大捷，以稳曾国藩的心。此时的曾国藩既然有台阶可下，也便不再说什么了。此后的历史证明，章寿麟的奋水一跳，不仅救起了曾国藩，也挽救了内忧外患、风雨飘摇中的大清王朝，因而有人称之为“援一人而援天下”“救一人而救

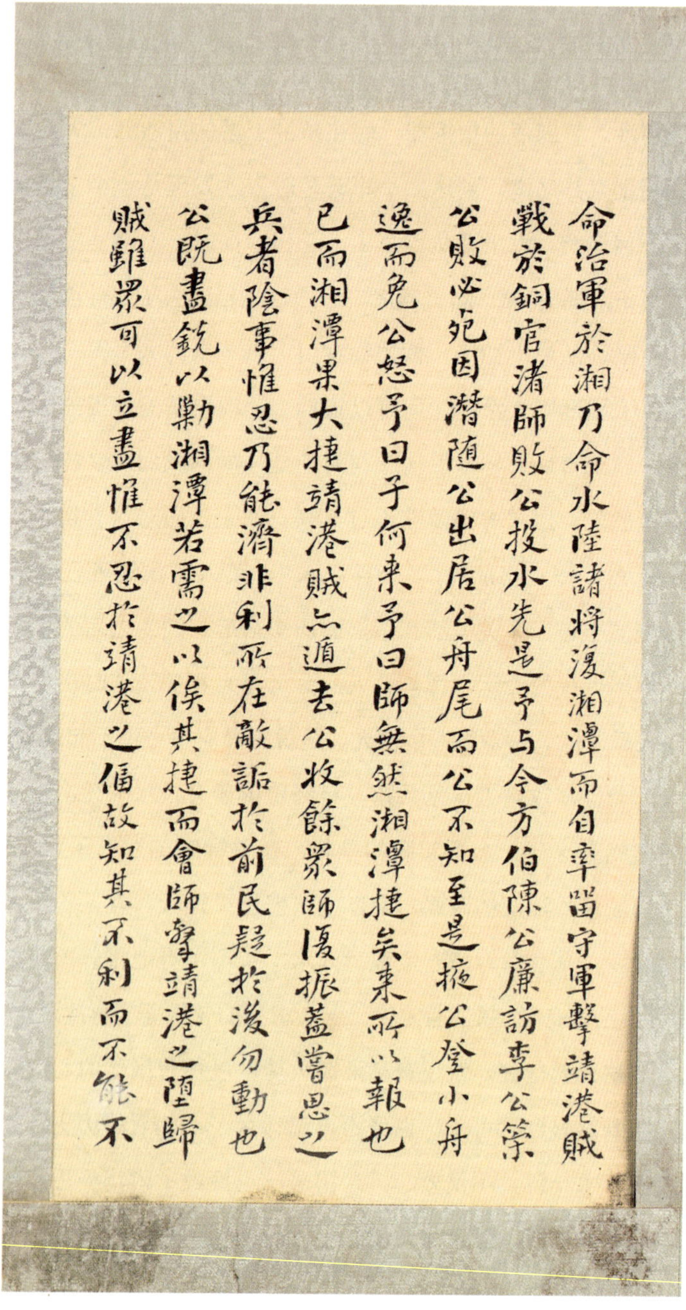

命治軍於湘乃命水陸諸將復湘潭而自率留守軍擊靖港賊戰於銅官渚師敗公投水先是予与今方伯陳公廉訪李公榮公敗必死因潛隨公出居公舟尾而公不知至是掖公登小舟逸而免公怒予曰子何來予曰師無然湘潭捷矣來所以報也已而湘潭果大捷靖港賊亦遁去公收餘衆師復振蓋嘗思之兵者陰事惟忍乃能濟非利所在敵詬於前民疑於後勿動也公既盡銳以勦湘潭若需之以俟其捷而會師擊靖港之墮歸賊雖衆可以立盡惟不忍於靖港之偪故知其不利而不能不

章寿麟《铜官感旧图》

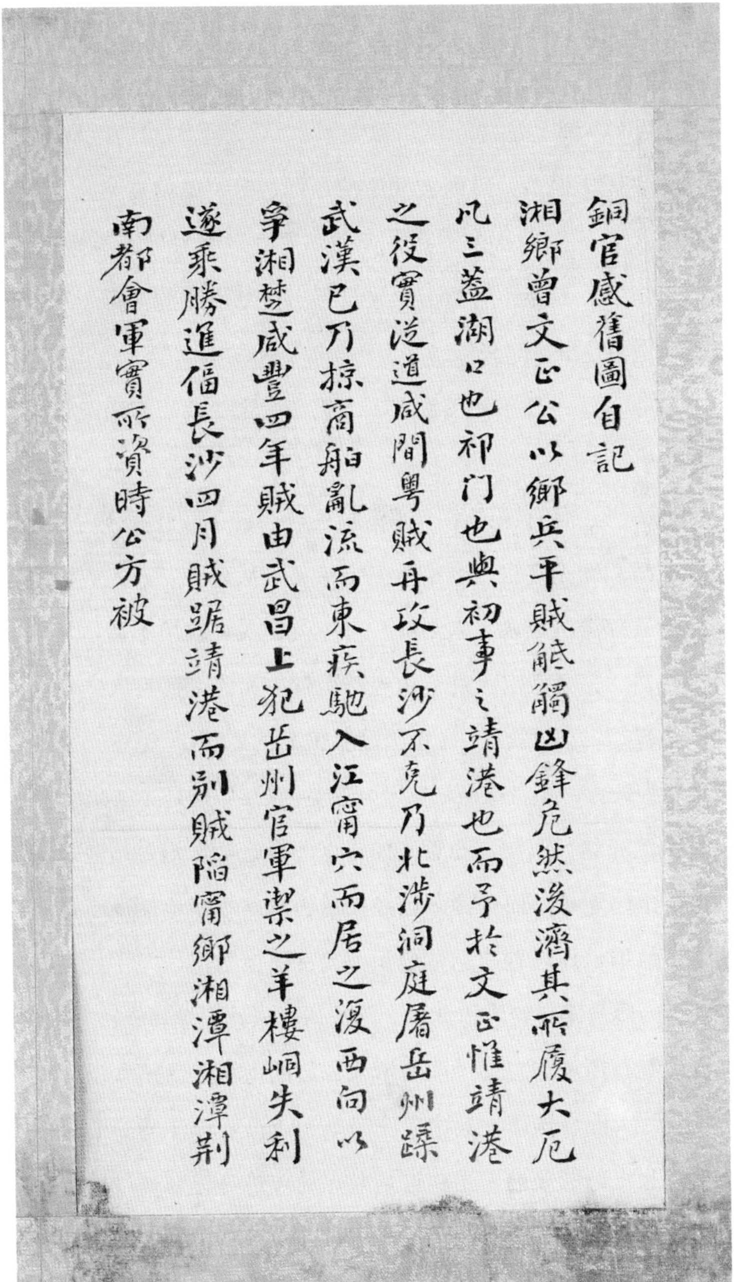
銅官感舊圖自記

湘鄉曾文正公以鄉兵平賊艤觸凶鋒危然後濟其所履大厄凡三蓋湖口也祁门也與初事之靖港也而予於文正惟靖港之役實從道咸間粵賊再攻長沙不克乃北涉洞庭屠岳州蹂武漢已乃掠商船亂流而東疾馳入江甯穴而居之復西向以爭湘楚咸豐四年賊由武昌上犯岳州官軍禦之羊樓峒失利遂乘勝進偪長沙四月賊踞靖港而別賊陷甯鄉湘潭湘潭荆南都會軍實所資時公方被

章寿麟《铜官感旧图》

天下”。然而，就是这样一位“援天下”“救天下”的功臣章寿麟，在镇压太平天国之后，满朝文武论功行赏之时，偏偏被遗忘了，到死也只是个小人物，从未沾到曾氏的雨露，最高只做了县官之职，最后告老还乡。真是不可想，如果没有当日章寿麟的奋身一跃，不知此后，竟将是谁家之天下了！

左宗棠评说：公不死于铜官，幸也。否则“荡平东南，将无望于继起者乎！”

知此事者，且有评论称：“靖港贼夜遁，将弁群冒援公功，而价人（章寿麟）殊无有也。今事隔三十年矣，从公游者，先后均致通显，而价人犹浮沉堰塞，未得补一官……价人之坎坷不遇，且欲天下后世共知，公之戡定大乱皆由艰难困顿中而来，而价人之拯公所关为不小也。”这是陈士杰（曾国藩幕僚）的题识。“论者乃以章君手援之功为最大，不言禄而禄弗及，亦奚当焉。”这是左宗棠题识。

直到清光绪丙子秋，在章寿麟告老还乡之际，道过靖港，遥望铜官山，山川无恙，而曾国藩已经归道山矣。不禁怆然，于是遍请当年湘军故旧，作画题跋题诗题识。此时朋僚故旧，门生故吏，莫不看重这一段故事，纷纷借此，一陈旧情。成此煌煌《铜官感旧图》八大册巨制。所谓铜官者，即是靖港旁边的山名，当年太平军就是在此设伏，大败曾国藩。其中仅左宗棠一人，就洋洋洒洒地写下了十页，就此将曾国藩的人生功过是非评论一番，评判功过，所论可敌《清史稿》曾文正公传，同时慨叹命运不公。

《铜官感旧图》共八册，内有绘感旧图计七幅，题跋题识者二百余人，包括左宗棠、王恺运、章寿麟等湘军将领幕僚。此图从清末至民国年间，颇受名流看重，故后世名贤追随前人题跋题识等，终成今日之壮观。此图民国年间曾经影印出版。

《咸丰同治批署四川总督崇实奏折全宗》提要

此件为署理四川总督崇实咸丰十一年至同治九年间的奏折及夹片全宗，其中奏折五十八本，夹片二十三本。清咸丰十一年至同治九年手稿本。崇实，完颜姓。镶黄旗人，麟庆之子，字朴山，道光三十年庶吉士，官成都将军，署四川总督，刑部尚书等。崇实署四川总督任内奏折，为咸丰十一年至同治九年间，时值清廷政治势力多变之时，以其御批奏折即可略见。其中咸丰十一年五月至六月间，为咸丰皇帝亲笔朱批奏折，有二十八本；之后，为“军机处赞襄政务大臣奉旨”墨笔批奏折，此系咸丰驾崩前旨定载垣、肃顺、端华等“赞襄政务”为“顾命八大臣”，此类奉旨墨笔代批奏折十六本；咸丰十一年九月“祺祥政变”之后，命奕訢为议政王军机大臣，慈安慈禧两宫垂帘听政，由此再改为“议政王军机大臣奉旨”墨笔御批，此类奏折为四本；同治四年三月后，慈禧借机免去了奕訢议政王位，之后由“军机大臣奉旨”墨笔御批。除此奏折外，附夹片二十三本。咸丰朱批者十二本，军机处赞襄政务大臣奉旨墨笔批夹片五本，议政王军机大臣奉旨墨批夹片六本。从这批崇实奏折及其夹片的不同御批形式，可以直接反映咸丰末至同治年间政治势力的变化。此外，咸丰十年十二月二十二日奏折，朱批“留中”，为罕见的留中折。留中折是指将大臣呈上的奏折，留置宫禁之中，暂不下发，一般为不宜公布的重要内容，或一时君臣难以决断之事，此类奏折内容往往更为重要。此崇实奏折及夹片为清宫大内旧藏之物，原包装夹板，极为工整，实为罕见。疑为民国初年，“八千麻袋”所出原清宫内阁大库旧物。

期仍照初參貳參例限勒令結報其十一月初
一以後交代仍按定例辦理欽奉
諭旨允准由司設局清釐完結其未結各案分別參
辦於咸豐十年閏三月二十八日
奏明撤局仍照舊章辦理惟州縣交代各冊款目
紛繁雖據依限結報而冊造舛錯者必須駁飭
更正方能咨送茲據藩司祥奎將各屬接收交
代已結未結各案逐一查明開單具詳請
奏前來除飭將未結各案趕緊嚴催造冊結報外
理合恭摺具
奏並分繕清單敬呈
御覽伏乞
皇上聖鑒謹
奏
該部知道單三件併發
咸豐十一年四月　十二　日

[illegible]費甚鉅一
切捐輸抽釐能否豐旺均難豫必即使各有收
解亦屬緩不濟急合無仰懇
天恩俯念川省軍需緊急
勅下湖南撫臣迅將協川餉銀解川以濟要款再查
定例封儲銀兩每年造冊送部如有急需題明
動支現值軍需緊迫無項接濟實屬無可如何
應請於新舊封儲項下暫撥銀八萬兩以作本
省防剿經費稍可藉資補苴相應一併陳明據
藩司祥奎詳請具奏前來除將現動各款於春
撥冊內收開造報並分別咨催外謹恭摺具
奏伏祈
皇上聖鑒訓示謹
奏
戶部速議具奏
咸豐十一年正月　二十七　日

奏

署理四川總督駐藏大臣臣崇實跪

奏為查明各屬接收交代分別已結未結彙開清
單恭摺奏祈
聖鑒事竊查道光二十八年三月十三日欽奉
上諭各直省州縣經手錢糧著各督撫按照戶部議准
山東省所定清查期限章程一律查明具奏並嚴提
已征銀兩統歸司庫其各屬接收交代亦照山東省
章程依限結報自本年為始每年統歸於歲終開單
彙奏欽此欽遵在案查川省各廳州縣額征錢糧槪
係實征實解年清年款並無絲毫存留屬庫咸
豐九十兩年分各廳州縣征收額賦統計已完
解九分有餘其未完銀兩查係糧民尾欠並非
官吏侵挪已於年底截清完欠數目開單
奏報在案至各屬接收交代向係依限造具冊結
詳由該管府道層次加結送案咨部嗣因鄰氛
不靖川中籌辦防勦征調頻仍各廳州縣應需

奏

署理四川總督駐藏大臣臣崇實跪

奏為湖南協川兵餉未到暫行籌撥支放以應急
需恭摺奏祈
聖鑒事竊照前准戶部咨指撥湖南省庚申年應征
地丁銀一十五萬兩協濟川省庚申年兵餉等
因嗣因延不解到曾經疊次咨催迄今日久仍
未准咨報起解前來伏查川省軍情緊急需用
浩繁而兵丁計口授食尤屬刻不容緩所有司
庫正雜各款早已搜羅殆盡當此萬不得已之
時不得不於無可籌撥之中暫作移緩就急之
計當即在於咸豐十年秋撥冊內茶課稅項下
暫撥銀一萬兩鹽課稅項下撥銀七萬兩又於
十年秋撥之後陸續收存正雜各款內共撥銀
四萬六百四十八兩零又於十年秋撥冊內收
存文職養廉截曠項下撥銀二萬九千三百五
十一兩零共湊銀一十五萬兩按數支放以資

清同治皇帝《大清穆宗毅皇帝圣训》提要

《大清穆宗毅皇帝圣训》，清光绪年间内府写本。

《圣训》是历代王朝官修的前朝皇帝诏令谕旨及其言论中有意义的语录，按照内容分门别类纂辑在一起的专辑著作，属于档案类史料编辑物。《圣训》就是将帝王的嘉言懿行，采录成书，为后世子孙之法鉴。清朝共编成《十朝圣训》。末代皇帝溥仪说过：按清宫祖制，皇帝每天无论如何忙，也要看一页《圣训》。所以《圣训》是终年放在皇上龙案案头之物，也是每日必读之物。《清穆宗圣训》为同治皇帝的谕旨诏令语录专辑。同治帝载淳是咸丰与叶赫那拉氏的独生子。生于咸丰六年。同治十二年亲政。次年卒，年十九。庙号“穆宗”。同治帝在位十四年，在此期间，清朝政府依靠曾国藩、李鸿章、左宗棠等一批重臣镇压太平天国起义、兴办“洋务”。但这些大都与同治皇帝无关。慈禧太后掌握着实际权力。同治皇帝载淳亲政两年后，死于天花。

此函为同治皇帝《大清穆宗毅皇帝圣训》卷六至十。内容涉及《圣孝（孝慈）》《圣学（教育）》《圣治（吏治）》。其中卷六《圣孝》内有关于停止修葺圆明园事。同治十三年上谕“会总管内务府大臣将圆明园工程择要兴修，原以备两宫太后燕憩，用资以养”，“现在物力艰难，经费支绌，军务未尽平定，各省时有偏灾，故所有圆明园一切工程，均着即行停止，俟将来边境义安，库款充裕，再行兴修”。实际上同治皇帝亲政后，所做的唯一一件要事就是修复圆明园，该工程遭到大臣们的强烈反对，一时成为朝廷中的所谓“圆明园修复之争”，在群臣的反对下，同治皇帝被迫停止修复圆明园工程。卷九《圣治》中有关于垂帘听政之事。同治十一年九月“上奉慈安皇太后、慈禧皇太后懿旨，前因皇帝冲龄践阼，时事多艰，诸王大臣等不能无所禀承，姑允廷臣垂帘之请，权宜办理。并谕俟皇帝典学有成，即行归政”。事实上慈禧太后垂帘听政，很大程度上是出于慈禧太后对于权力的欲望，但从这里所看到的却是“姑允廷臣垂帘之请”。是书手工馆阁体抄写，纸白墨漆，红绫装裱，内府原装原函，系清宫大内旧藏之物，专供清帝读书之用，开本阔大，一副皇家气派。

尚非大旺。轉瞬伏汛秋汛盛漲之時。其患有不可勝言者。必須籌畫經費。使河兵足數。工料足敷。嚴飭各汛官去其險工。庶可使河流順軌。查盧溝橋以下至夏口百餘里。中洪兩旁河身。均成熟地。約有四五千頃之多。若議租每年可得銀一二萬兩。以之津貼河工。可無須另籌經費等語。著文煜會同石贊清嚴飭永定河道督同沿河州縣。詳細勘明該處

大清穆宗繼天開運受中居正保大定功聖智誠孝信敏恭寬毅皇帝聖訓卷之一百四十一

河道

同治元年壬戌四月己未

上諭議政王軍機大臣等石贊清奏河患堪虞亟宜豫為籌畫一摺據稱本年驚蟄後永定河水漲雄縣所屬之毛兒灣與保定縣交界之處開口數丈又雄縣所屬之西橋新城縣

吕祖谦撰《详注东莱先生左氏博议廿五卷》题记

吕祖谦撰《详注东莱先生左氏博议廿五卷》，明嘉靖间刻本，八册。清乾隆天禄琳琅旧藏。“天禄琳琅”是紫禁城中乾隆皇帝的藏书之地。乾隆皇帝，素喜典籍。据考乾隆九年，下令内值诸臣检阅大内藏书，择宋元古刻名抄呈进御览。置于乾清宫东侧的昭仁殿秘藏。并仿汉朝的宫廷藏书之地“天禄阁”故事，亲笔题写“天禄琳琅”匾额悬挂于昭仁殿，储宋、元、明古籍善本，使其成为乾隆皇帝藏书重地。根据大学士于敏中奉旨编纂的《天禄琳琅书目》记载，内有御题书三十八部，宋刻本四十七部，元刻本七十九部，影宋抄本十五部，明刻本二百五十部，共四百二十九部。乾隆让位后不久，嘉庆二年十月二十一日酉刻，因太监用火不慎乾清宫失火，殃及昭仁殿，“天禄琳琅”藏书焚毁殆尽。后嘉庆皇帝下令重建乾清宫、昭仁殿，同时检阅调集大内藏书，重建“天禄琳琅”，称为“天禄继鉴”。现在可见的天禄琳琅旧藏，均属“继鉴”者，特别标志就是在开卷第一页右上角，钤有“天禄继鉴”印。大学士彭元瑞等编《钦定天禄琳琅书目后编》记载，收书数量有御题宋版书七部，御题影宋抄本书二部，宋版书二百二十三部，影宋抄本九部，以及辽、金、明版书等，共有六百四十四部。重建“天禄继鉴”的藏书数量超过了乾隆在位时期，但是藏书的质量，尤其是版本著录存在着严重问题。藏书均钤有“乾隆御览之宝”“五福五代堂宝”“八征耄念之宝”“太上皇帝之宝”“天禄琳琅”五枚乾隆御玺，史称“乾隆五玺”，版本精良，书品上乘，装潢考究，皇家气派，一望可见。二十世纪二十年代初，废帝溥仪以赏赐溥杰为名，秘密将大内“天禄琳琅”的部分藏书盗运出宫。到一九二五年，清室善后委员会点查故宫物品时，“天禄琳琅”藏书仅存三百一十一部。后来在懋勤殿、养心殿发现溥仪赏赐单数十纸，赏单内列宋元版书三百余部，知其已被溥仪赏予其弟溥杰。这批“天禄琳琅”的藏书，由此流出宫外，辗转天津、长春（伪满洲国京城）。直到一九四五年八月光复时，溥仪仓皇出逃，留在伪满洲国皇宫小白楼的“天禄琳琅”藏书，遭到哄抢，完全散落民间。一九三二年至一九三七年，为躲避日本侵略，民国政府将故宫国宝奇珍运往南京、上海、武汉、重庆等地，史称“古物南迁”，留在北京故宫内的“天禄琳琅”藏书随往，从此就再没回到北京故宫，现存台湾台北故宫博物院。新中国建立后，国家图书馆、北京故宫博物院、辽宁省图书馆等机构，从民间捐赠等渠道收回了少量的“天禄琳琅”藏书。现今“天禄琳琅”藏书大部分存在台北故宫、国家图书馆等机构，留在民间的已寥如晨星。

《详注东莱先生左氏博议》廿五卷，此本首刻有吕祖谦序。封面签题宋版，《天禄琳琅书目后编》卷七有著录，也称为宋本，实为明刻本。称“一函八册……宋袖珍本，椠法字体俱极工雅”。内钤五玺。据溥仪赏赐溥杰书目记载，此书于一九二二年八月初六日赏溥杰出宫。知此本即是辗转流落天津、长春，最后为私人

《详注东莱先生左氏博议》

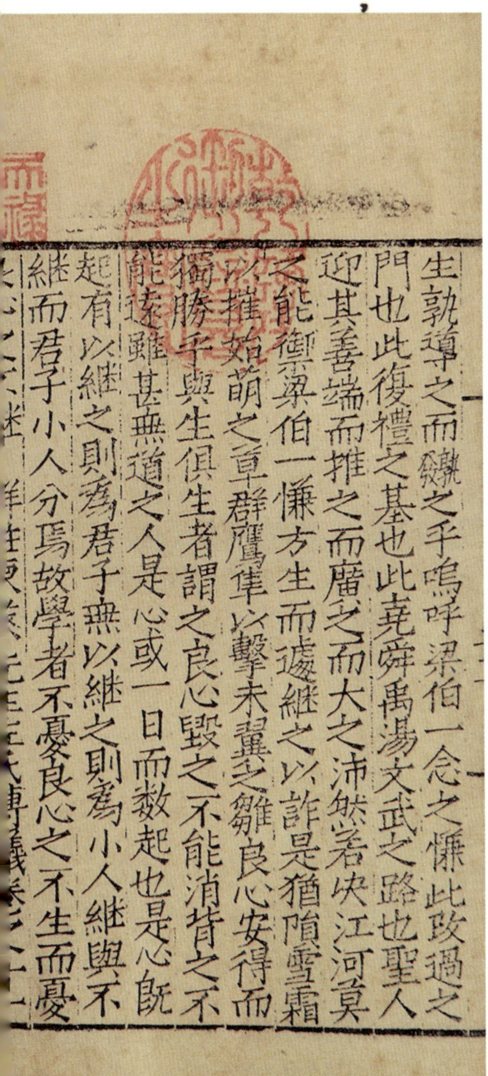
生孰導之而皦之乎嗚呼梁伯一念之慊此改過之
門也此復禮之基也此堯舜禹湯文武之路也聖人
迎其善端而推之而廣之而大之沛然若决江河莫
之能禦梁伯一慊方生而遽繼之以詐是猶隕雪霜
以摧始萌之草群鷹隼以擊未翼之雛良心安得而
獨勝乎與生俱生者謂之良心毀之不能消背之不
能遠雖甚無道之人是心或一日而數起也是心既
起有以繼之則為君子無以繼之則為小人繼與不
繼而君子小人分焉故學者不憂良心之不生而憂

藏书家收藏。此书保存完整，属天禄遗珍，有天佑神护，洵可宝也。

避暑山庄旧藏《绛帖平》

一九九九年春季、秋季，嘉德古籍拍卖专场上先后出现了两部清乾隆武英殿活字本《绛帖平》和《学易集》。当时的图录分别介绍如下：

99春　Lot538　姜夔撰《绛帖平》

乾隆四十七年武英殿聚珍版　三册　白纸

钤印：避暑山庄五福五代堂宝、烟雨楼宝、避暑山庄、避暑山庄勤政殿宝

提要：此本为武英殿聚珍版白纸初印本，留避暑山庄御览，甚为罕见。

99秋　Lot439　刘跂撰《学易集》

清乾隆甲午年聚珍版　六册　白纸

钤印：避暑山庄五福五代堂宝、烟雨楼宝、避暑山庄、避暑山庄勤政殿宝

提要：此书为武英殿聚珍版活字印刷。此本初刻初印，白纸印刷，为留避暑山庄御用之物，蓝绫面，黄绫签条，尤是清代宫装，甚为罕见。

避暑山庄旧藏的古籍，世人难得一见，在二十多年的中国古籍善本市场上仅此一例。我曾经服务的国家图书馆保存着避暑山庄文津阁本《四库全书》，因工作之便，曾多有机会一睹其风貌。一九一四年文津阁本《四库全书》等搬运回北京，可是留在避暑山庄内的其他古籍和文物就没有那么幸运了。

民国政府将文津阁《四库全书》及其避暑山庄文物起运回京，有一个重要的背景，就是随着大清王朝的衰落和灭亡，避暑山庄也随之凋敝冷落。宣统逊位后，行宫划归热河都统管理。避暑山庄划归地方管理之后，军阀驻军、管理不善导致存在此地的古物古籍，相继流出。一九一三年夏，曾经轰动一时的“盗卖热河避暑山庄古物案”发。是年七月热河都统熊希龄调任国务总理兼财政总长，不久北京、上海、天津、承德等地的古玩市场纷纷出现来自承德避暑

山庄的古物。包括各式瓷器、玉器、漆器、红木家具、金丝地毯等，件件精绝。这些文物都是从热河行宫里出来的，是真正的皇室宫廷御用之物。据知情者透露，是原热河都统为了筹集修缮衙门的资金公开出售的。传言热河都统熊希龄的差役刘鼎卿，管账的杨氏、幕府狄氏，在京津两地公开出售热河行宫古物。一时间引起社会各方密切关注。在社会舆论的巨大压力下，国务总理兼财政总长熊希龄奉总统袁世凯令，派政治会议委员许世英查办。后在热河承德县羁押者十七人，在京师警察厅羁押者九人，多为北京、承德两地古玩店的老板和伙计。案犯供词中还牵涉熊希龄本人。熊希龄为表明清白，给袁世凯写信，要求将羁押在承德的有关案犯解京备质。最终以在北京等地追回被盗漆木器、织绣品、玉器、瓷器等二百二十九件草草结案，熊希龄因此旋即去职改任参政。整个案情扑朔迷离，但此案却直接促使当局与逊清皇室协商，将承德避暑山庄和沈阳故宫遗留文物“由民国政府备价收归国有”，并运回北京保存。其实此案中的熊希龄是民国二年到热河履任的，在任期中，熊希龄干了几件与热河行宫有关的事：一是援引旧例，将行宫古物清查后，分门别类，登记在册。二是呈请内务府批准，修缮行宫内殿宇楼阁。为了筹措修缮经费，熊希龄呈文袁世凯和政务院，拟选库内所藏瓷器之稍贵重者，在京、沪等处变卖数十件，如得善价，即可徐图布置。此呈文被批示照准。熊希龄卖得白银一万余两，用于修葺行宫。三是将都统衙门搬进了行宫。问题就出于此，熊希龄的做法虽然师出有名，但也难免瓜田李下，招致非议。不论是熊希龄是否与此盗宝案有关联，有一件事是可以肯定的，就是从清末到民国初年，避暑山庄内的古物古籍，已经开始流出。这两部原藏的古籍就是从避暑山庄流出之物。

《绛帖平》和《学易集》，武英殿聚珍版，初印本，白纸，清宫原装。保存品相极佳。

从这两部书的收藏印记来看，首先是“避暑山庄”印记。承德避暑山庄是中国清朝皇帝的夏宫。它始建于一七〇三年，历经康熙、雍正、乾隆三朝，耗时八十九年建成，是清代皇帝夏日避暑和处理政务的场所。由于康熙、乾隆等常赴避暑山庄居住，因此所有公务、休闲御用的一切物件配备齐全。其中，古籍是必备之物。所有入藏的古籍，无一例外，都钤有这方标志性的印鉴，表明为避暑山庄存物。现存的原避暑山庄文津阁本《四库全书》每册都有此印记。

第二方重要印鉴，为“避暑山庄勤政殿宝”。勤政殿在紫禁城及其行宫是标准配备的宫殿，为清朝皇帝处理政治事务的正式场所。故此印标明为避暑山庄勤政殿。此殿为乾隆之后皇帝接见群臣发布政令之地。殿内宝座上有“正大光明”匾，面北有“高明博厚”匾。随行的军机处、内务府也在此地值班办公。这方印记表明此书的存放地为勤政殿，乾隆皇帝称在此可以弥性怡情，勤于政事。看来此地还贮藏有书籍，可供御览。

第三方印记为“烟雨楼”。此楼为乾隆六年至乾隆十九年避暑山庄大规模扩建的“三十六景”建筑之一。避暑山庄烟雨楼，仿浙江嘉兴烟雨楼形制在岛上修建的一组建筑。此楼原为五代吴越文陵王钱元潦所建，乾隆皇帝南巡，在嘉兴南湖鸳鸯岛上见此楼之后，颇为欣赏，命工仿建。这里是清帝与后妃消夏赏景之处。此书内有烟雨楼印鉴，说明此书曾经存放此地。由此可以推断，避暑山庄内的存书，有改换存放地之举。至于何时何因，尚未得知。故究系先存勤政殿，还是烟雨楼，尚需考订。

第四方印记为避暑山庄五福五代堂宝。这方印记是重要的时间标志。五福五代，指一七八四年，乾隆帝七十四岁时得玄孙，五代同堂。到乾隆五十二年（一七八七年）七十七岁的时候，在《御制文三集》卷七中有《避暑山庄五福五代堂记》。乾隆题写“五福五代堂”匾额，悬于山庄东宫卷阿胜境殿，同时刻制此印鉴，存放于此。此两部书中均有避暑山庄五福五代堂宝印鉴，说明亦曾经存放此处，时间必是在一七八七年之后，为乾隆晚期。

这两部书的版本，均为武英殿聚珍版活字本印刷。所谓聚珍版，是乾隆三十七年，弘历皇帝下诏，广搜天下遗书，开馆纂修《四库全书》。翌年，各省进呈本、采进本、《永乐大典》辑佚本，汇集京城，其中有些是稀见本或孤本。为了使这些书传播于世，弘历皇帝曾谕武英殿先行刊版印行。乾隆三十八年十月，奉命管理《四库全书》一应刊刻、刷印、装潢等事的金简，上书奏请雕刻木活字，排版印刷。同年奉旨施行。乾隆钦定称为“聚珍版”。乾隆三十九年五月，已雕出木活字十五万个，尚不敷用；又增刻木活字十余万个。前后共刻木活字大小二十五万余个。此后，凡《四库全书》馆交印各书，就用这套木活字排版印行。后据民国时陶湘统计，武英殿用这套木活字前后排印一百三十四种书，后又续印单行书七种。这些书因为行款版式完全相同，又都由武英殿用聚珍版排印，故统称为《武英殿聚珍版丛书》。后来各省官书局又有照式翻雕刷印行世者，故又有“外聚珍”之称。其实翻雕已非活字，不该再用“聚珍”之名。为了与“外聚珍”区别，原《武英殿聚珍版丛书》，又称“内聚珍”。嘉庆年间又用这套活字排印了一些书籍，行款版式与乾隆印本有所不同。版心下没有校勘人姓名，世称聚珍版单行本。

此次聚珍版印刷方法，与传统的活字印本有重大技术差异。为此，主持聚珍版大任的金简，编著了一部关于聚珍版印刷工艺的著作，这就是《武英殿聚珍版程式》一书，刊刻出版。依据金简记录的聚珍版活字本印刷工艺，可以确定聚珍版与传统的活字本印刷在工艺上有重大区别，聚珍版印刷分为两次印制，第一次印框格，第二次刷印文字。因此，聚珍版印制工艺，实际上是中国古代的套印技术与活字印刷技术结合的产物。与通常所见的明清套印本不同之处，他用的是木活字，版框行格是传统所见的雕版。与通常所见的活字本工艺技术不同之处，是先印框格，再印文字，将框格与文字分两次套印完成。而通常所见的是框格与活字组合字版一次印刷完成。这样在鉴定武英殿聚珍版时，有一些特殊的要点值得注意。一是，由于聚珍版的框格是单独制版印刷的，所以版框四周是封闭的，而通常的活字版边框是使用木条加上去的，四周留有结合部的缺口，聚珍版没有缺口；二是，聚珍版的活字是第二次套印上去的，多多少少由于套印时的误差，导致文字与边框重叠的现象出现，文字与版框重叠，通常在传统的雕版和活字版中极少出现，特别是传统的活字版绝不可能出现。因此，一般人都说乾隆皇帝以“活字版”名称不雅，而改称“聚珍版”，其实，武英殿聚珍版的确与传统的活字版工艺过程不同，确实是不应该将聚珍版与通常所说的活字版混为一谈。

金简《武英殿聚珍版程式》中所记载的木活字制作及印刷技术，包括工艺规范、技术路线、生产调度，是活字印刷术接近顶峰的表现。这是继元末王祯《农书》中关于木活字印刷工艺记载之后，又一杰出的木活字印刷文献，为研究中国的活字印刷技术史提供了最为详尽的材料。所以这部书继承和总结了宋明以来各种活字印刷术的成果和经验，把中国古代活字印刷术推向了发展的高峰。这部书不仅在清代广泛流传，而且被译成德、英等国文字，流播海外。

说到这《绛帖平》和《学易集》的来历，都是南京的徐宏先生出品。那时徐宏先生还在江苏省社会科学院工作，我也曾在陕西省社会科学院工作过，所以一见如故，同行同道，甚是投机。至于徐先生是物主还是受人之托，由于行里的忌讳，我从未深问，但这两部书都是徐先生先后提供的。现在徐先生已经是行里出名的行家了。

拍卖之后，由于种种原因，我一直不晓得花落谁家，直到二〇一五年七月，在中国国家图书馆举办的第一届民间藏书大展上，我赫然看到了这部书，如同久违的老友，令我仍然心动。我仔细地看了说明，原来此书为某某收藏，并在出版的《民间藏书大展图录》中著录。我心甚慰，因为这两部书，可以说是我见到的武英殿聚珍版最初印刷、收藏最好、最漂亮的本子，可称标本。现在物归其主，令人放心。

我经常对喜欢藏书的朋友说，一部好书，除了它的文物、文献价值之外，其实就是一部传奇的故事。有时论书中本身的内容，可能已经过时，已经不再罕见，但是它本身蕴含的传承故事是独一无二的，精彩的情节，令人陶醉和遐想，终生难忘，《绛帖平》和《学易集》就是如此。

清初八色套印本《绣像三国演义》题记

在中国千余年的雕版印刷史中，不乏一些精品和绝品，其工艺技术之精细之完美，令人称异。二〇〇二年中国嘉德春季古籍拍卖专场，就出现了这样一部奇书，可称中国古代雕版印书史上的一个奇迹。这就是清初八色套印本《绣像三国演义》残本。题要文字云：

清绘像三国志（存一册）

清初饾版八色套印本

纸本　存一册

提要：此书极为珍稀，据所见公私书目记载，仅中国国家图书馆藏有一部郑振铎先生捐赠的残本，此外不见任何著录，罕秘可知。

饾版彩色印刷源起于明代末期，是中国印刷史上傲视全球的创举，传世的明末清初饾版彩印本，均被学术界、收藏界视作书中珍品。唯目前所见的传本中，多为笺谱、画谱等谱录，戏曲类仅见两色套印本。此书是小说、戏曲两类书籍中唯一可见的饾版多色印刷品，是其珍贵的原因之一。

饾版彩印乃一版一色，经多次准确的套印而成，因此颜色的多寡，除了影响视觉观感外，还直接关系到技术繁简、成品难易和成本耗费。从此本第十二回“陶恭祖三让徐州”一图中，清楚可见共享粉、土、黄、褐、灰、绿、蓝、黑八色套印，由此可知，此书原刻二百四十幅插图，即雕镌了一两千块刻版，繁复程度令人咋舌，且套印多至八色，不惜工本，刻意求精，亦为现代印刷所不及，是此本珍贵的原因之二。

以此本与国家图书馆藏本对勘，此本所存四十四幅插图中，共有三十幅为国图本所佚，分别是：第十一回“刘玄德北海解围，吕温侯濮阳大战”、第十二回“陶恭祖三让徐州，曹操定陶破吕布”、第十四回“迁銮舆曹操秉政，吕布月下夺徐州”、第十五回“孙策大战太史慈，孙策大战严白虎”、第十六回“吕奉先辕门射戟，曹操兴兵击张绣”、第十九回“吕布败走下邳城，白门楼操斩吕布”、第二十一回“青梅煮酒论英雄，关云长袭斩车胄”、第二十五回“张辽义说关云长，云长策马刺颜良”、第二十六回（一）“云长延津诛文丑”、第二十七回“关云长千里独行，关云长五关斩将”、第二十八回“云长擂鼓斩蔡阳，刘玄德古城聚义”、第二十九回“孙策怒斩于神仙，孙权领众据江东”、第三十回“曹操官渡战袁绍，曹操乌巢烧粮草”、第四十一回（二）“长坂坡赵云救主”、第四十二回“张翼德据水断桥，刘玄德败走夏口”、第四十四回“诸葛亮智说周瑜，周瑜定计破曹操”。这三十幅图，多是全书的精华所在，可视为传世孤本看待，是其尤显珍贵的原因之三。

从版刻风格而论，此书刻工技法高超，处理战争场面或人物群像显得有条不紊、层次分明，堪称集明末清初版画艺术之大成，应是出于徽州良工之手。有学术界人士认为，此书或是清初著名文人李渔芥子园刻本，唯尚缺充足证据，书此待考。

自古以来，小说被正统读书人视为下品，不然怎会称之为“小说”，通常刻工粗糙、用纸低劣，且阅读翻动日久，故流传下来的小说，书品不佳者居多，通常不入大藏书家的法眼。但是，随着近代新文学的兴起，传统小说和俗文学，也得到了重视。出现了一些专门研究和收藏中国古代小说的藏书家。其实所说的这些，只能是就通常而言，并非绝对。偶然间也有上品出现，其意义自当不能等闲观之待之。在此出现的清初套印本小说《绣像三国演义》残本，就是其中之一。

这本套印本《绣像三国演义》为版画，雕工上承明末水准，线条流畅，表现准确生动，非寻常所见。尤其是运用了八种不同的颜色套印，套印色彩极为准确，在我的经历中前所未见。明末以来，小说的插图最好的就是万历刻本《金瓶梅图》。万历本《金瓶梅》本身无图，《金瓶梅图》是单刻本，直到崇祯本《金瓶梅词话》时，才将小说和插图合并，成为《绣像金瓶梅》。万历《金瓶梅图》，雕工一流，为徽刻名家黄氏家族的作品，内有刻工黄□□等。明万历时期，中国的版画进入鼎盛，在整个世界也处于领先地位。万历版画，体现着中国当时绘画写意的最高水准，线条简约，写意味道十足。体现在小说插图方面，《金瓶梅图》可称第一佳作。这部《金瓶梅图》流传极为罕见，我也是在国家图书馆工作期间，有幸一睹。国家图书馆所存的《金瓶梅图》，原为著名现代藏书家、原国家文物局局长郑振铎先生旧藏，为西谛藏书中的绝品。那时，这类书籍存放在北京图书馆善本组的“禁库”之中，不对外借阅，外界罕有知者。然而，在看到这本套印本《三国演义》之后，图案线条较为繁复，写意味道不足之外，已经多少有了清代繁复的味道。当然这也与《金瓶梅》小说的题材不一样有关，《三国演义》属于历史小说，内容过于正规，给插图写意带来了表现上的困难。无论如何，这本《三国演义》的线条雕工，表现准确程度，都不在万历《金瓶梅图》之下。尤为可贵的是八色套印，且套印色彩极为精准，可称中国古代套印本之顶峰。中国明代万历时期，版画套印水平已经渐入佳境，出现了明代吴发祥刻印《萝轩变古笺谱》、胡正言辑印《十竹斋笺谱》等惊世之作。拱花饾版，成熟运用。这部八色套印本的《三国演义》超越了明代的层次。因此，如果说万历本《金瓶梅图》是古代中国小说插图版画写意的表现主义顶峰之作，那么此本套印本《三国演义》就是写实主义顶峰之作，可视为双峰。

说到这部套印本《三国演义》的来历，就一定会提到一个人，大名王洪刚，是北京玩书最早的“先知”之一。当时我过目之后，认为此本非常好，可以参加拍卖。可是王先生给我出了一个难题，说他本人并非此书本主，只是接受委托前来，本主希望此书不上拍卖，私下现金交易成交。从拍卖公司的规矩来说，我们不能直接进行这种交易，但是，我又对此书非常看重，认为一场拍卖会里总要有几件在版本上出类拔萃的东西，此书显然就是出类拔萃之辈。于是，我就采取变通的办法，答应与有兴趣的客人联系和推荐，设法拿下来再行进入拍卖。王先生答应了。于是我找了熟悉的客人，向他推荐，并要求现金交易后不能提走此书，只能参加例行的拍卖会。我的客人答应了我的条件，顺利地完成了第一步交易。我在接下来的拍卖会图录封面选取时，将这本套印本《三国演义》做了封面，而且在图录中也作了详细说明。最后，这部残本书竟然以五十多万元落槌成交。会后，我见到了王洪刚先生，说道：后悔吗？王先生很坦然，回答说：清初残本三万元，已经是天价了，卖到这个价位，那是人家的运气好。不论怎样，我还是对王洪刚先生表现出的淡定、超然感到佩服。的确，人要知足，知足者常乐。但是，他还是没有意识到，这不是一件寻常的善本书，而是一件代表中国古代印刷水平高度的标杆性作品。这就是我常说的一句话，奇物就会出奇价。

明拓《张猛龙碑》跋

六朝北碑，首推《张猛龙碑》。此碑全称《鲁郡太守张府君清颂碑》。碑石在山东曲阜孔庙。北魏正光三年正月立，无书写者姓名，碑阳二十四行，行四十六字。碑阴刻立碑官吏名计十列。额正书“魏鲁郡太守张府君清颂之碑”三行十二字。

近世书家，推崇魏碑，而此碑向被誉为“魏碑第一”，为正宗北碑书体，书法劲健雄俊。清杨守敬评其：“书法潇洒古淡，奇正相生，六代所以高出唐人者以此。”沈曾植评：“此碑风力危峭，奄有钟梁胜景，而终幅不染一分笔，与北碑他刻纵意抒写者不同。”康有为谓：“结构精绝，变化无端”“为正体变态之宗”。然宋元明清唐碑宋帖盛极，而北碑旁落，故此碑明代之前拓本极为少见。今世存明拓《张猛龙碑》，稀如星凤。嘉德古籍拍卖专场得明拓一本，可称幸甚。

此本第十行“冬温夏清”之“冬”字完好；第十七行“庶杨”

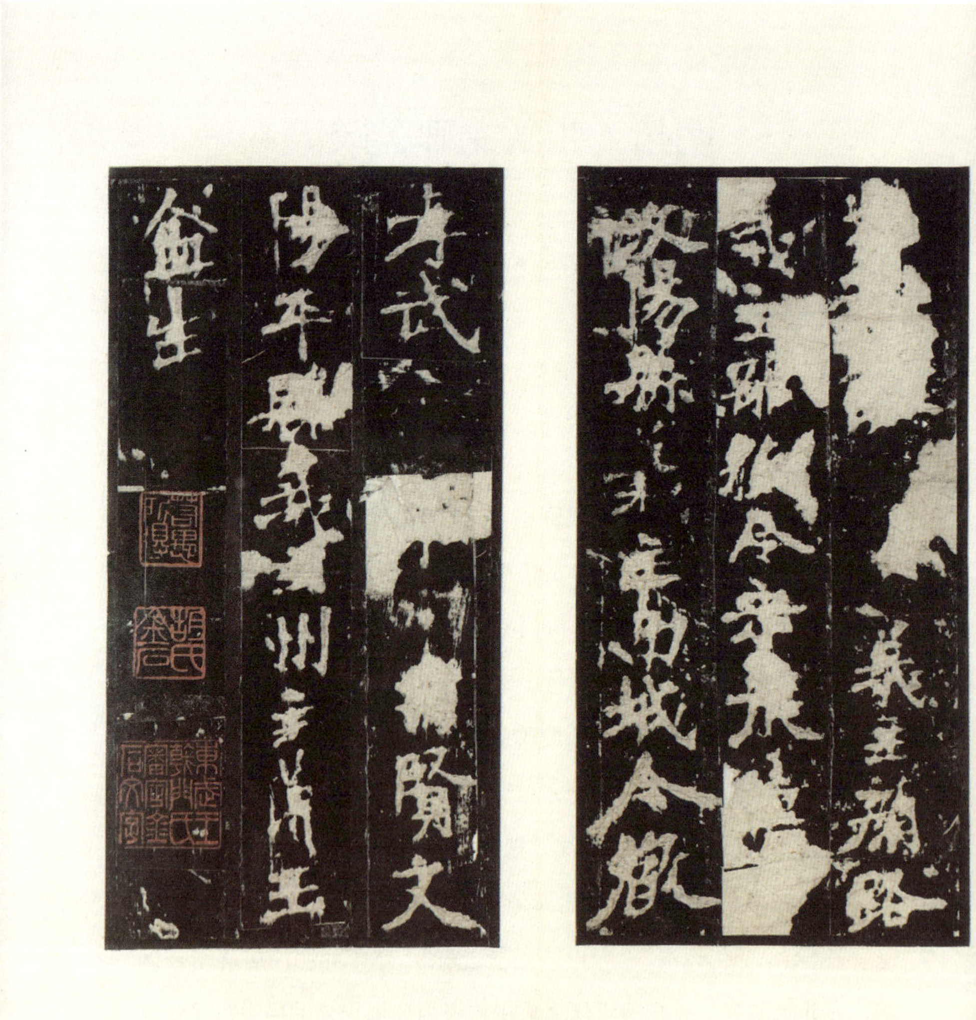

明拓本《张猛龙碑》

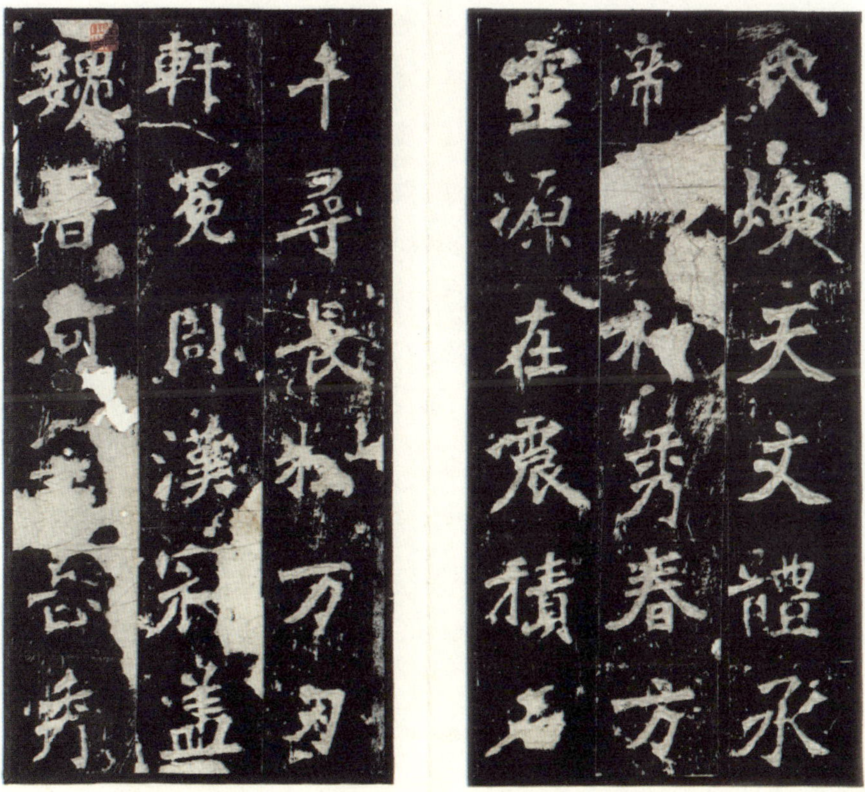

明拓本《张猛龙碑》

之“庶”字完好；第十八行“冠盖魏晋”之“盖魏”不连石花；同行“河灵越秀”之“河”字尚存；第十九行“清晋”之“清”字尚可辨。明拓之据皆在，有何疑议哉！

此本咸同年间为东武名家王戟门旧藏，同辈高人赵之谦、胡澍题签，王戟门、近人王襄、吴玉如题跋。民国年间此本归津门胡若愚收藏故物，内有胡若愚及其“觉今是斋”收藏印记。二十世纪七十年代，此本曾遴选入北京市文物局赴东京“书法碑帖大展”之展品展出。并于二〇〇〇年在日本影印出版。

康夫子有为曾宏论道：“唐世之碑，孰能比《杨翚》《贾思伯》《张猛龙》也！其笔气浑厚，意态跳宕；长短大小，各因其体；分期分批行布白，自妙其致；寓变化于整齐之中，藏奇崛于方平之内，皆极精采。”而余有所感叹，十数年前，曾经手胡氏“觉今是斋”旧藏古籍碑帖越二三十种，书画无数，唯此件失之交臂。今又天假此本回转，再经余手，此非缘分未尽耶？廿年所见明拓《张猛龙碑》，仅此而已，未知今又将花落谁家福地也。

陆氏松下清斋藏《化度寺碑》序

唐欧阳询书化度寺碑，为欧书名碑，历来为书家藏家所重。然是碑于北宋之后原碑毁佚，于是南北翻刻继起，遂使此碑拓本孰系原石之争，扑朔迷离，雌雄难辨。至清朝中叶，有关化度寺碑研究，几成热点。乾嘉之际著名学者翁方纲，乃是此碑研究最著名的学者，及至民国初年上虞罗振玉以敦煌残本再掀波澜，至今此学术公案仍未了断。然两百年来，学术界关于此碑研究的几个最知名的拓本，拈指算来，可有五本，条述如下：

一、沪上吴氏四欧堂藏本　此本明季为李东阳旧藏，清中南海吴荣光筠清馆、成亲王永瑆递藏，今存上海图书馆。

二、大兴翁方纲藏本　此本蒋衡、罗聘、黄易递藏，今存日本京都大谷大学。

三、敦煌残本　此本出敦煌藏经洞，分存于法国巴黎图书馆和英国大英图书馆。

四、李宗翰静娱室藏本　此本传为明王世贞两藏本之一，清朝缪曰藻、罗聘等递藏，王文治等题跋。

五、陆氏松下清斋藏本即今春海外征集所得，将付二〇一〇年春中国嘉德拍卖之本。

此本位列海内外名品，其因有三：

一则此本历代名家收藏。翁方纲考订此本亦为明王世贞两藏本之一，兼有明人陆深、胡宗瓒藏跋。清季此本入陆氏松下清斋。陆恭（一七四一年至一八一八年），江苏吴县（今苏州）人，字孟庄，号谨庭。乾隆举人，王文治之婿也。精鉴赏，喜碑版收藏，著有《耕砚田斋笔记》等。此本内有翁方纲致陆恭书札一通，可证此本为陆恭藏本无疑。

二则此本曾经翁方纲考订为北宋熙宁年间范雍洛阳赐书阁残石拓本，且未经后人动手添墨移拼，墨色深沉，故此本以今论虽非北宋，然仍系宋拓本者。故此本自清季以来久负盛名，为书家藏家仰慕。至民国初年上海有正书局据此本影印出版。日本昭和五年平凡社编印《书道全集》亦据此本出版。

再则两百年来学术界关于化度寺碑研究，包括碑刻源流、拓本源流，以及相关考证学术源流脉络，探讨争议至今绵延未绝，而此本无疑仍是重要历史见证，其文献文物资料价值犹在。

故此次中国嘉德海外征集化度寺碑陆氏松下清斋藏本，实乃文物文献之大幸事，况明季以来既为重宝者，吾辈焉能漠而视之耶？

忠义之气穿金石

——宋拓安刻本《争座位帖》序

颜鲁公书法，多为楷书，以行草名世者，素推《争座位帖》为第一。盖因鲁公书此之时，义愤勃发，天真罄露，虽意不在书法，而法度自成。自王右军《兰亭序》之后，可与之并称者，唯此帖也。

此帖传世宋刻本，先有安（师文）刻，后又陕刻（又称关中刻本）。安刻原石未久即毁，安刻拓本必为宋代，现传世者，稀如星凤。而陕刻继起，至今犹存陕西省碑林博物馆，历代传本多见。此间区别可证者，“辄有酬对”四字，安刻清晰，而陕本翻刻时此四字已经漫坏。此本是四字清晰完整，非翻刻陕本可比。

此本迭经王虚舟、桂未谷、吴荣光、崇恩、陶北溟题跋题签，南海吴荣光、玉牒崇恩、南皮张可园收藏，皆世家豪门旧物，可称赏玩收藏俱佳。

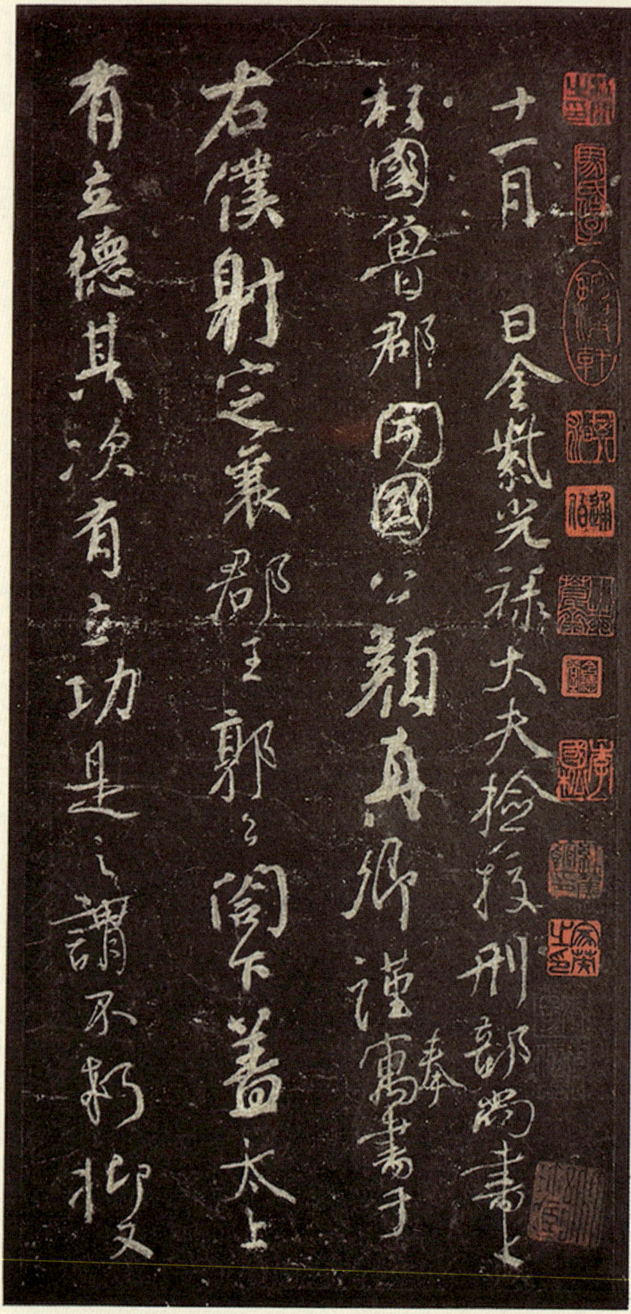

宋拓安刻本《争座位帖》

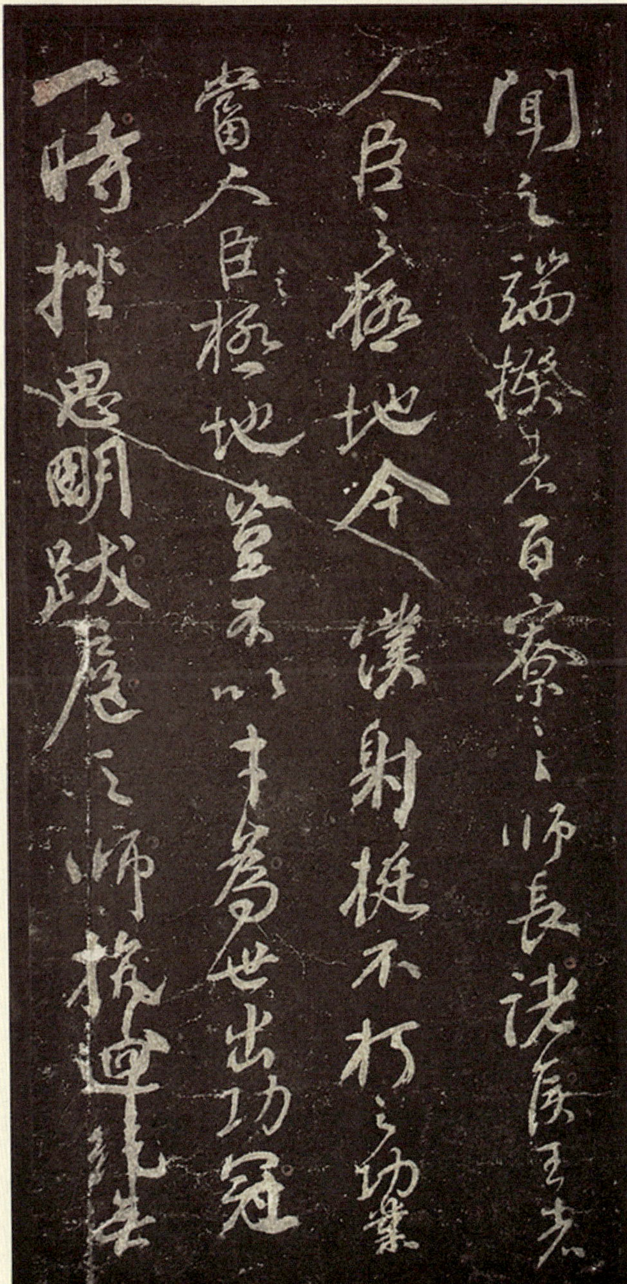
闻之端揆者百寮之师长诸侯王者
人臣之极地今仆射挺不朽之功业
当人臣之极地岂不以才为世出功冠
一时挫思明跋扈之师抗回纥无

宋拓安刻本《争座位帖》

此本拓工极精，字口清晰，观之神清气爽，堪称天下神品者。古人称学《兰亭》难，非整肃精神，平心静气不可，而学《争座位》者易，一旦得手，随意书之，无往不是。差矣，余以为右军《兰亭》可习，而鲁公《争座位》不可习者，在于忠义之气，铮铮可穿金石，何人可堪耶？

阅书感想

关于中国纪年和度量衡统一过程的联想

——从旧拓《商鞅量》说起

今秋海内外征集，所得洋洋大观。历数所得，最值得玩味的不是宋元重器，而是一件不甚起眼的拓本，即龚心铭存《商鞅量（商鞅方升）拓本》。此件虽小，而事关重大，其因在于它的历史地位和影响不可小觑，直接关系到一个重大历史命题，即中国统一纪年和度量衡的过程，令人联想甚多。

一　扑朔迷离的商鞅量及其拓本

商鞅量，又称商鞅方升，也称商鞅方斗，因其方形形制而命名，青铜制，战国时期秦国的量器，今藏上海博物馆。方升全长十八点七厘米，升纵七厘米，横十二点五厘米，深二点三厘米，容积二百零二点一五立方厘米，重零点七公斤，为长方形的有柄量器。商鞅量器的底和外壁刻铭文。前壁铭文“重泉”为铸造地，在陕西省蒲城东南。右壁刻“临”字，地名。此字字体为秦小篆可知与底部诏书为第二次加刻。此器方升初铸造于“重泉”（今陕西蒲城），后转发至临地。据《史记·秦本纪》：“（孝公）十年，卫鞅为大良造。”此量铭文中的十八年，即秦孝公十八年（公元前三四四年）。此量铭文中注明为商鞅任“大良造”期间制造和颁发的标准量器。

商鞅量为海内孤品。何时何地出土，史料记载不详。然此件清末为著名收藏家龚心钊旧藏。龚心钊（一八七〇年至一九四九年），字怀希，号仲勉，安徽合肥人，寓居上海。二十六岁中进士，官上海道台。光绪年间出使英、法等国，清末出任加拿大总领事，是晚清著名的外交家。龚心钊平生笃好文物收藏，精品颇多。有秦商鞅方升、战国越王剑、楚国郢爰。龚氏收藏的商鞅量，为其室名，所谓“楚爰秦量之室”者。收藏甚秘，不轻示人。自清末龚氏家族收藏商鞅量，至一九四九年龚心钊去世后，此量仍秘藏家人府中。直至一九六六年“文化大革命”，龚氏家族多次被抄，不见下落。最后被逼无奈，供出所在，于龚氏亲戚家的煤堆里找出，收入上海博物馆。据云龚心铭后人闻其秘藏的商鞅量被抄，大叫一声，瘫倒在地，遂病卧不起，不久离世。由此可知，龚氏视此量，等同身家性命。收藏六七十年间，几无外人一睹原件。从清末至“文化大革命”，资料中不见有关此量的任何记录，唯有极少量的拓本，世人才得知商鞅量存在。难怪抄出此量时，竟然有以为是破煤铲者。

关于商鞅量拓本，知见者，仅两本，龚心钊藏本和龚心铭藏本。

民国初年龚心钊于浦口筑汤泉别墅，并编撰《汤泉小志》一书出版。此书内附有龚心钊藏本《商鞅量拓本》影印件。题跋等内容摘录如下。

龚心钊跋："嬴秦文字传世者，惟泰山峄山石刻。近百年来，吉金出土日众，有诏版秦量诸器，以长白端午桥（端方）制军、黄县丁干圃所得为最夥。然率皆始皇二世之诏。此器则为孝公时商君平斗桶之制。商君为变法之祖，此量为变法之舆，不独以先秦文字重也。丙午七月将重游欧洲倚装记此。"

翁斌孙题记："乙巳（一九〇五年）二月十九日翁斌孙观于浩心斋。"

钤印：合肥龚氏金石刻辞、同龢、翁斌孙印、家鼐获观。

拓片后有龚心铭民国丁卯年《商鞅量考》。

《汤泉小志》为龚氏家族私家出版，存世极为罕见。此龚心钊藏商鞅量拓本，今未知所在。

今秋所得者《商鞅量拓本》，为龚心铭藏本。包括器形拓、底部、左右上三壁文字精拓。与龚心钊藏本为同一拓工。

钤印：楚爰秦量之室、长寿万年、心铭小印、寿州孙家鼐八十岁后观等收藏、观赏印鉴。

龚心铭左壁释文：“十八年，齐率卿大夫众来聘。冬十二月乙酉，大良造鞅。爰积十六尊五分尊壹为升。”

底部释文：“廿六年，皇帝尽并兼天下诸侯，黔首大安，立号为皇帝，乃诏丞相状绾，法度量则不壹，歉疑者，皆明壹之。”

上壁题记：“重泉，周时为晋邑，秦为重泉县，在今陕西同州府蒲城县。《史记·秦本纪》简公六年令吏初带剑堑洛城重泉。《地理志》重泉县属冯翊。”

右壁题记：“临，《左传》哀公四年荀寅奔鲜虞、赵稷奔临。注临，晋邑，在直隶赵州临城县东。”

龚心铭题跋：“按大良造鞅乃商鞅也。商君列传商鞅姓公孙，少好刑名，因秦孝公宠臣景监以求见孝公。三年，卫鞅说孝公变法。十年以为大良造，令民父子兄弟同室，内息者为禁，而集小都乡邑聚为县，置令丞，凡三十一县。为田开阡陌，封疆而赋税平，平斗桶，音勇，今之斛也。权衡尺丈。此十八年诏，当在孝公时，商鞅治秦所凿时正为大量造，后人只知丞相状绾、李斯法度量衡，石丈尺，不知商君治秦平斗桶已在前也。廿六年诏，乃秦始皇兼并天下后，诏书李斯即改小篆之后所凿，故字文较肥。前诏文细，仍是先秦文字。‘重泉’二字，似与前诏同时刻。‘临’字当是后刻。三年卫鞅说孝公变法，十年为大良造。孝公卒，子惠文君立。惠王死，子武王立。武王卒，子昭襄王立。昭襄死，子孝文王立。孝文王死，子庄襄王立。庄襄王子政，廿六年初并天下，是为始皇帝。按孝公十八年至始皇帝廿六年，期间相？（字残）百二十又二年。秦孝公十八年在周显王二十五年，齐威王三十五年威王始以齐强天下。”

由此可知，一、《商鞅量拓本》自清末藏于龚氏家族，清末翁同龢、翁斌孙等曾观赏并记录，至少在一九〇四年之前此量已收藏在龚氏家族；二、清末民初，孙家鼐曾经观龚心钊藏拓本，也曾观龚心铭藏本，两者均有孙家鼐观赏印鉴，两方印鉴不同，当为分别所见；三、商鞅量秘藏龚氏家族，半个多世纪几无人一睹风采，且《商鞅量拓本》数量极少，诸如帝师翁同龢、枢相孙家鼐等达官及碑版收藏家亦不曾拥有，都是在龚家曾观拓本而已；四、此量拓片及文字考释，均为龚心铭撰，曾经发表于《汤泉小志》，文字略有出入，后世金石文字书籍著录，均应从此转录而来，民初王国维等诸多学者关于商鞅量研究，资料均应来源于此；五、《商鞅量拓本》，龚心钊所藏原拓本未知下落，龚心铭藏本在此浮出于世。

二　关于中国上古纪年和度量衡统一起源的联想

观近世以来学界和收藏界对《商鞅量》的研究，限于文字和商鞅变法，似有未尽之处。世人皆知，秦始皇统一六国，建立秦帝国之后，颁布法令，统一度量衡。司马迁《史记》对此有描述和记载，现存秦代颁行的秦量、秦权、秦诏版等实物，也足证史实，证明了

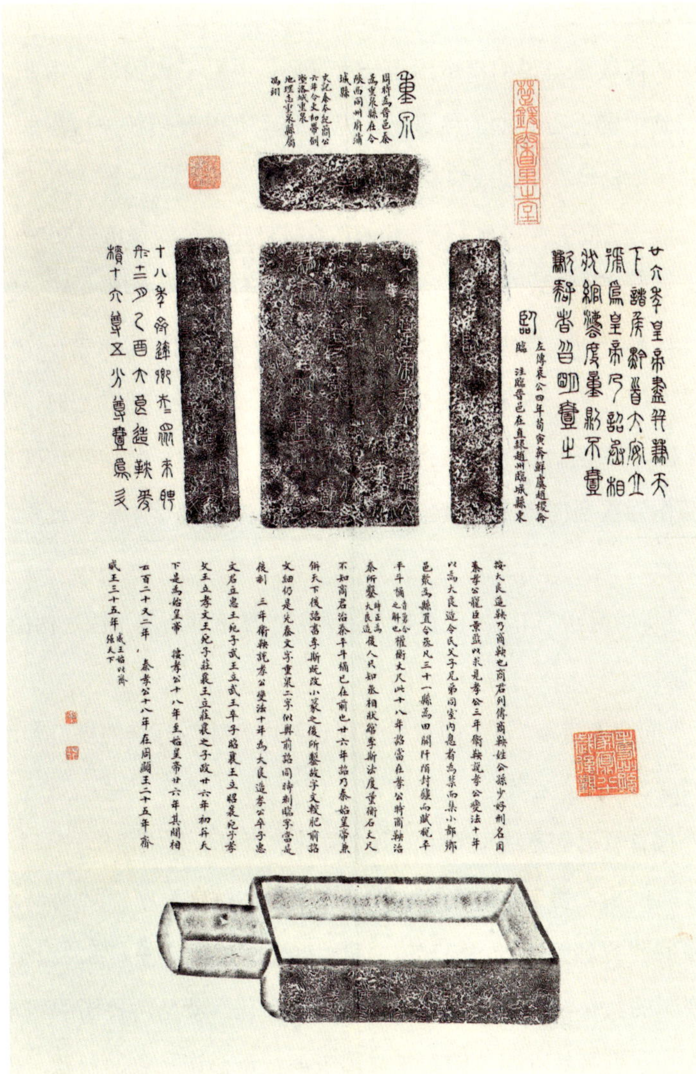

商鞅量

中国自此完成了统一度量衡的过程。然而，始皇六代之前，秦孝公时期的商鞅量，说明秦帝国统一度量衡，并非一蹴而就。由此令人联想到中国上古时期的度量衡，究竟是从何时开始统一过程的，这并非一个已经有了现成答案的问题。

尝读《尚书·尧典》篇，内有“协时月正日，同律度量衡”一语，令人难解其意。汉代的经学大师郑玄解释说：“律，音律。度，丈尺。量，斗斛。衡，斤两也。”如此说来，尧舜时期创建中国第一个王朝即夏王朝时期，确立国家“五典”“百揆”的制度和机构之时，为了保证国家赋税制度的正常执行，维持国家机器的正常运转，度量衡已经作为重要的国家制度出现，也已经开始了度量衡统一过程，可称肇始。

“协时月正日”，字面意思是协调划一夏王朝所属范围之内的月、日时间。

“同律度量衡”，字面意思是同一到以音律为标准的夏王朝度量衡长度、重量、容积。

很有意思的是这里所用的两个关键字“协”和“律”。

时间用“协”字，汉代人许慎在《说文解字》中说：“协，众之同和也。”夏朝到两周，国家体制和制度一脉相承，有王朝的纪年法，有列国的纪年法，两者并存。如孔子《春秋》就是用鲁国的纪年法编成。这里必然存在鲁国纪年与周王朝纪年协调一致的问题，也存在鲁国与列国之间纪年协调一致的问题。如何协调，必以王室纪年为准，兑换各方，达到一致。如现今世界上虽有各国各民族的不同纪年法，有了公历就可以使不同的纪年时间概念协调一致。这对于一个王朝国家非常重要，例如《尚书》中的《禹贡》篇，确定了九州之内数以千计的列国朝贡、赋役，如果没有时间概念显然不行。纪年时间的长短如果不一致，朝贡和赋役就将不均等，以纳贡等实物形式赋税维持的王朝及国家机构就无法稳定。同时，列国的时间如果不协调，列国之间的活动时间日期就将无法进行。诸如春秋战国之时诸侯经常举行盟会，如果没有经过协调的日期，列国都以自己的纪年日期来定时间，就会出现错过日期的问题。因此，王朝与列国之间、列国与列国之间，必有经过协调统一的日期。从孔子《春秋》纪年来看，年份可以采用不同的王、列国诸侯来记述，而月和日，王朝范围之内已经实现了统一。这就是《尧典》中为何言协调“月”和“日”，而不包括“年”的原因。《战国策》的《赵策》内有知伯帅赵韩魏而伐范中行氏，张孟谈秘密约定三军，“与之期日”，决水淹灌知伯军队，所谓“期日”应当是三国同一的日期；《赵策》的张仪为秦连横说赵王，内有“愿以甲子之日合战”，都说明商周之时，纪年列国有别，而月和日是统一的。因此，读孔子的《春秋》虽然用的是鲁国纪年，但记载具体时间的“月”和“日”时，却都使用“王正月”之类的天干地支日期。说明尧舜建立夏朝，诸侯国已经统一“月”和“日”。

度量衡用“律”字，许慎《说文解字》说：“律，均布也。”如何均布，东汉人蔡邕在《月令章句》中说“截竹为管谓之律”，说的是按照一定长度截取的竹管，就是“律管”。这是古代用来校正乐音的管状仪器，以管的长短来定音。古人将音乐的律作为度量衡的起源，将律管作为度量衡的根据在于：在口径不变的条件下，律管长度是一致的。确定律管的发音，不仅要确定管长，还要精确地测定管的口径，因而管腔内的容积也是一致的，这就将古代乐律与度量衡密切地联系在一起。中国古代产生度量衡的根据有不同的来源，例如中医依据人体部位，拇指尖到关节横纹为一寸，两乳之间为八寸等；又以自然物为来源，《淮南子》记载有度量衡以粟米为一分，十分为一寸，十寸为一尺的，还有以其他方法等。但是这些参照物都具有不确定性，如人有胖瘦高矮，粟米有大小之分，因此变数很大。中国古人很聪明，经过历代乐师的摸索，发现了黄钟音律，确定了吹出的黄钟音律的竹管的长度和口径，这根竹管就是黄钟律管，它的标准长度，称为律尺。这种律管在口径相同的情况下，长度恒定，不论是竹制、玉质、青铜铸造，这就避免出现其他参照物的变数的问题。律管的长度和口径相同决定了管内的容积也是相同的，这就为容器确定了标准。例如秦代，规定以黄钟律管的长度为九寸，长度标准由此确定，是为度。该律管能容纳秬黍一千二百粒，所占的容积定为一龠，二龠为一合，十合为一升，是为量。这一千二百粒秬黍的重量定为十二铢，两个十二铢为一两，十六两为一斤，是为衡。中国古代将律管作为度量衡的根据，作为度量衡制度的源头，在世界度量衡史上无疑是一项重大的发明。在现代考古发掘中，律管多有发现，从战国到新莽时期均有实物例证。文献资料也如司马迁《史记》中说“武王伐纣，吹律听声”，说明商周之时“律”已经存在。《尚书》所说的尧舜夏王朝，根据“律”为标准来统一度量衡是历史的要求。舜建立夏王朝之时，有诸侯数千，各自度量衡标准不一，必须采取同一标准的度量衡。各诸侯国度量衡由此可与王朝的同“律”度量衡之间形成兑换，同时，诸侯之间可以借助同“律”度量衡，实现诸侯之间相互换算。如同现今各国各民族不同的计量尺寸、重量单位、容积单位，可以通过国际通用的公斤、米、升等度量衡概念换算，达到一致。夏王朝的国家财政如《尚书·禹贡》中确定的九州之内，同一州所在的诸侯国的朝贡和赋役品种相同，必用标准相同的度量衡来完成。否则，依据各国不同的重量、体积、长度等度量衡标准，就会产生纳贡多少不均的情形。没有统一的标准，度量衡制度紊乱，将会带来诸侯之间的纠纷，产生矛盾，如此《禹贡》所设计国家赋税制度就将无法执行。因此，同一标准的“律”之下国家度量衡制度，即夏王朝的度量衡，这是建立一个王朝和国家所必需的制度。

尧舜之时，同律度量衡是否存在没有考古证明，现还未知。至于后人质疑《尧典》是战国时期伪作，故这种用黄钟律管确定度量衡的方法，在舜建立夏朝时期是否具备，还值得怀疑。但是，有一点可以确定，同律度量是建立王朝和国家的要求，相当于夏王朝时期的二里沟文化考古发掘已证明，已经有城池存在，有城池必就卫戍军队，有军队就必须有财政支持，有财政就必须有政务管理，总之就一定有国家一整套的机构。维持这些机构的存在和运转，就要在诸侯林立的王朝范围内接收朝贡和征取赋役，就必须有相同标准的度量衡。从这个意义上来说，《尧典》的一些内容可以伪造，而夏商以来的国家和历史不可伪造。也就是说，只要肯定夏商王朝的存在，就必须肯定有标准的度量衡存在，即使当时不是以“律”来确定度量衡，那也会有一个还未被知晓的标准来确定同一度量衡。这是历史需要，没有也可以创造出来一个需要的产物，时势造英雄就是这个道理。否则，以纳贡等实物形式赋税维持的王朝和国家机构就无法运转和存在。

三　关于先秦文献中纪年和度量衡制度的联想

了解了上古时间和度量衡的产生和制度，回过头再来看古书关于纪年和度量的记载，虽然文献留下来的内容不多。但是，从有限的文献中还是能够看到一些片段，联想这些故事很有意思。

《左传》中有一段名篇，说的是鲁宣公三年，楚王军至洛水，观兵于周疆。周定王派王孙满劳师，楚王“问鼎大小轻重”之事。王孙满不辱使命，回答说：德行善明，鼎虽小，也是重的能压得住；若是奸邪昏乱，鼎虽大，也是轻的压不住。结论是：天命未改，周王的气数还未尽。鼎的轻重，就不要问了。这里，楚王问的大小轻重，是楚国的计量，还是周王室的计量，还是左丘明作为鲁国人用的鲁国度量计量，这些《左传》都没有说明。这样细一想，可真够热闹的了。与这段故事类似的是，汉代刘向编著的《战国策·周策》中记录了秦国、齐国都想要周鼎，最后周王派颜率去摆平此事，说运送一只周鼎要九万人，搬运九只鼎就需要八十一万人，而且需要专用的器械，还要有专用的道路，竟然将想要周鼎的齐王给难住了，最后无奈放弃了。

《战国策·楚策》中也有一段故事，讲的是有三寸不烂之舌的张仪到楚国。张仪初出，衣衫褴褛，随从不悦离去。然而张仪用郑国和周国的美女，打动了楚王。楚王于是给张仪许多珠玉，请张仪求美女。当时，楚王有两个宠爱的美女，南后和郑袖，闻知此事之后，分别向张仪送了“金千斤”和“金五百斤”的车马费，目的是要张仪取消行程，以免真的求回美女而失宠。这里所说的“斤”，是何计量法，是楚国的计量，还是张仪出生生长的魏国计量，还是周王室的计量，《战国策》也没有说明。不论是哪种计量法，如果是小的计量，张仪肯定不高兴。张仪是何等聪明而游说列国的人，不会不晓得列国的计量方法和轻重。张仪后来借机取消了行程，满足了南后和郑袖的意思，说明南后和郑袖，一定是取了大的计量，至少是合乎“律”的计量。否则，张仪如何能为此心动呢？

《战国策·魏策》中有秦王派使者对魏国的安陵君说：“欲以

五百里之地易安陵”，安陵君断然拒绝了。秦王所说的五百里是秦国的长度计量，还是魏国的长度计量，或者周王室的长度计量，都没有说明。肯定不是大的长度计量，安陵君如此坚决地拒绝秦王，肯定是安陵君感到秦王太“抠门”了。

联想这些故事，虽有调侃意味，但说明“协时”“同律”对于国家的重要意义，它是夏商周以来的王朝国家机构存在，王朝与诸侯、诸侯与诸侯国家关系存在的基础制度。

四　关于商鞅量历史地位和影响的联想

在秦始皇统一度量衡过程中，有一个重要的准备和过渡阶段，这就是秦孝公时期商鞅变法过程中，商鞅首先统一秦国内部的度量衡，“商鞅量”由此而出。据《史记·商君列传》记载：商鞅曾制定“平斗桶权衡丈石”，说的就是商鞅制作度量衡的标准器，颁行商鞅量。

商鞅，战国时期政治家，卫国人，本姓公孙。秦孝公任用他实行变法。公元前三五六年和前三五〇年两次颁布新法：奖励耕织；废除贵族世袭，按军功大小给予爵位等级；推行连坐法；建立县制；废井田制，准许土地买卖；按丁男征赋；统一度量衡制。变法奠定了秦强盛的基础。因封地在商（今陕西商县东南），号商君，因称商鞅。孝公死后，被诬陷，车裂而死。著有《商君书》，今存二十四篇。

商鞅量“爰积十六尊（寸）五分尊（寸）壹为升”，即以十六又五分之一立方寸的容积定为一升。另据湖北云梦睡虎地出土云梦陶量，高九点一厘米、口径十八点五厘米，容两千毫升。云梦地区在战国晚期属秦国的南郡。此陶量的容积约为商鞅铜方升的十倍，当为一斗，误差约为二十毫升，应该是相当精确的量器。商鞅量为商鞅监制，并准予颁行秦国的标准量器，铭文未注明是诏令，但是以商鞅“大良造”的官方身份铸造，应该说是秦国“官量”。器底廿六年始皇诏书的加刻，表明在秦统一天下之后，商鞅量得到了始皇的确认，作为天下一统的国家经济和财政措施的标准量器，颁行天下，统一度量标准，演变为具有强制性的秦帝国“国量”。

类似还有齐国故地出土的著名的“陈氏三量”:“子和子釜”“陈纯釜”和“左关和”。陈氏三量为战国田齐时期所铸，是齐国政权在左关安陵地区（即灵山卫一带）征收税赋的专用标准量器。陈氏三量与商鞅量相同之处，都是以官方身份铸造的，可以用于征收赋税和官仓。不同的是秦量颁行国内，在经济生活中也通用，齐量是否通行整个齐国，尚不得而知。

铜量及标准量器不止一件的出现和发现，说明至战国时期，列国都已经存在统一量器的政治和经济要求，不同程度地已经开始局地统一量器的过程。这是从夏商以来新的进步，也是后来秦始皇建立秦帝国之后，统一整个帝国度量衡的基础。商鞅量就是这一时期最为典型，最为重要的代表性量器，对后世影响极大。如果说《尚书·尧典》所谓的“协时月正日，同律度量衡”是战国时期人的伪造，那么战国时各诸侯国应该大致都采用了“律”为标准度量衡。由于都是以“律”为标准，现今所知的商鞅量和齐国陈氏三量之间，其实相差很小，相差不过百分之一而已。正因为如此，秦始皇统一六国度量衡，并没有引起经济上的波动，也不会影响各地的财政税赋征收。

可以说秦始皇统一六国，最终完成了两大制度的统一。一是纪年的统一，尧帝的“协时”，将中原各个散落的部族时间月日协调一致，但是列国的纪年并未协调统一，秦始皇灭了六国，建立帝国，已经除去了列国纪年的基础，因此废除列国纪年，结束了夏商周以来的“协时”状态，确定全国统一的纪年始皇元年，一统为皇帝纪年，由此始皇、二世、三世，以至万世；二是秦始皇统一度量衡，废除了列国的度量衡，结束了王朝度量衡与列国度量衡并存的局面。至此《尧典》所说的夏朝开始的“协时”和“同律”，将中原千计的部落时间和度量纳入同一准则之下，开始中国历史上统一度量衡的过程，经过两千多年发展，到秦始皇建立集权帝国制度下的单一纪年和度量衡制度，最终完成了纪年和度量衡统一。

商鞅量证明了秦国首先是在本国内部统一度量衡，继而在近一百多年后，秦始皇统一六国，实现帝国范围内的度量衡统一。可以断定，商鞅量就是后来始皇统一度量衡的预演，或称过渡，是后来始皇统一度量衡的基础。其更为重要的意义在于，它的存在说明了中国上古时期的时间和度量衡一统，是一个逐步完成的过程，尧舜建立夏朝时期已经开始，经过近两千年的漫长过渡，最后完成于秦帝国。而商鞅量在清末到“文化大革命”的六七十年间，无人目见，王国维、郭沫若等近代学者对此商鞅量进行过研究，但实际上并未看到过原件，都是根据拓本及其发表的铭文进行研究和论述。而此件拓本的重要性，就是当年这段历史及其研究的见证。

关于《古腾堡〈圣经〉零叶》的缺憾

人都喜欢谈自己过五关斩六将的英雄故事，谁也不愿意多谈自己走麦城的失败事迹，我倒是觉得总结败绩对人生的指导更有意义，在捉摸不定的拍卖场里更是如此。

二〇一〇年，我从美国征集拍品归来，此行的所得之中，有一套印刷术资料，即古腾堡《圣经》等四页东西方书籍零叶。很可惜，在当年春季的拍卖时流标了，给人留下了一点难言的遗憾。从这里感觉到，中国的藏书界，包括公藏和私藏，收藏的认知仍具有狭隘的地域性，存在着一些人类共同文化认识上的缺失。回想起来，这些缺失和遗憾，还是值得认真反思和总结。

二〇一〇年春季嘉德古籍图录，当时的提要是如此这般著录的："内收约一二四〇年手抄本《圣经》一页、一四五〇年至一四五五年德国古腾堡《圣经》一页、一四八二年英国卡克斯顿活字本印刷本

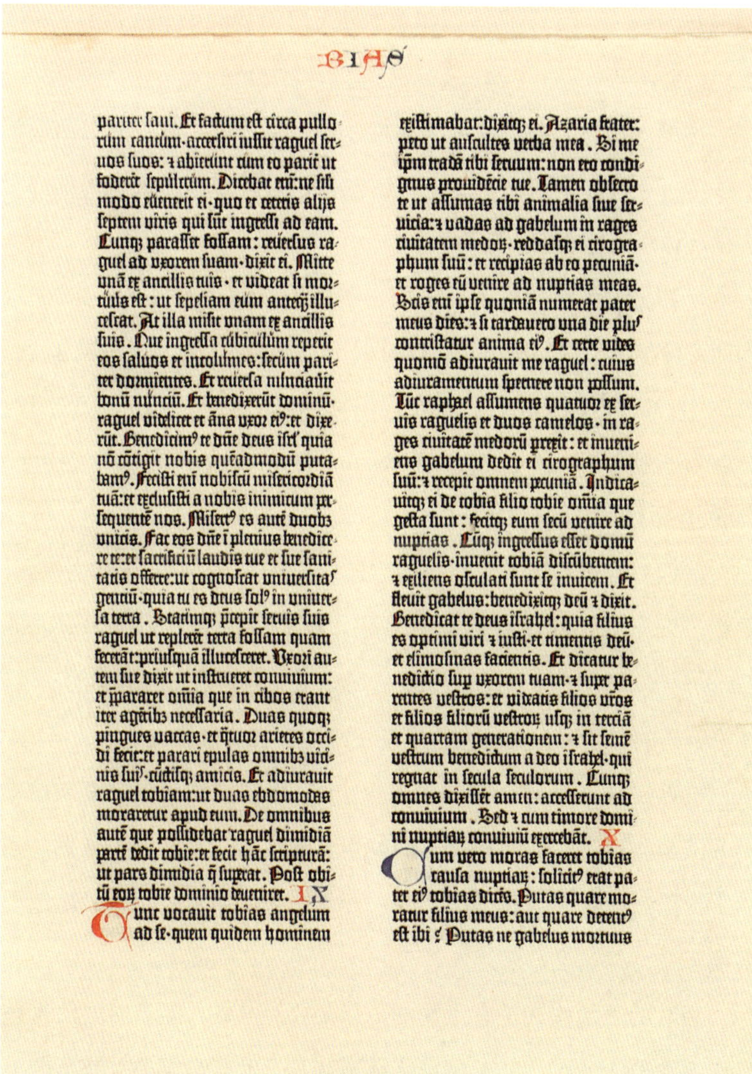

BIAS

pariter sani. Et factum est circa pullo-
rum cantum: accersiri iussit raguel ser-
uos suos: et abierunt cum eo pariter ut
foderent sepulcrum. Dicebat enim: ne forte
modo euenerit ei quod et ceteris alijs
septem uiris qui sunt ingressi ad eam.
Cumque parassent fossam: reuersus ra-
guel ad uxorem suam dixit ei. Mitte
unam ex ancillis tuis et uideat si mor-
tuus est: ut sepeliam eum antequam illu-
cescat. At illa misit unam ex ancillis
suis. Que ingressa cubiculum reperit
eos saluos et incolumes: secum pari-
ter dormientes. Et reuersa nunciauit
bonum nuncium. Et benedixerunt dominum
raguel uidelicet et anna uxor eius: et dixe-
runt. Benedicimus te domine deus israel quia
non contigit nobis quemadmodum puta-
bamus. Fecisti enim nobiscum misericordiam
tuam: et exclusisti a nobis inimicum per-
sequentem nos. Misertus es autem duobus
unicis. Fac eos domine plenius benedice-
re te: et sacrificium laudis tue et sue sani-
tatis offerre: ut cognoscat uniuersitas
gentium quia tu es deus solus in uniuer-
sa terra. Statimque precepit seruis suis
raguel ut replerent terra fossam quam
fecerant: priusquam illucesceret. Uxori au-
tem sue dixit ut instrueret conuiuium:
et prepararet omnia que in cibos erant
iter agentibus necessaria. Duas quoque
pingues uaccas et quatuor arietes occi-
di fecit: et parari epulas omnibus uici-
nis suis cunctisque amicis. Et adiurauit
raguel tobiam: ut duas ebdomodes
moraretur apud eum. De omnibus
autem que possidebat raguel dimidiam
partem dedit tobie: et fecit hanc scripturam:
ut pars dimidia que supererat. Post obi-
tum eorum tobie dominio deueniret. IX
Tunc uocauit tobias angelum
ad se: quem quidem hominem

existimabat: dixitque ei. Azaria frater:
peto ut auscultes uerba mea. Si me
ipsum tradam tibi seruum: non ero condi-
gnus prouidentie tue. Tamen obsecro
te ut assumas tibi animalia siue ser-
uicia: et uadas ad gabelum in rages
ciuitatem medorum: reddasque ei cirogra-
phum suum: et recipias ab eo pecuniam.
et roges eum uenire ad nuptias meas.
Scis enim ipse quoniam numerat pater
meus dies: et si tardauero una die plus
contristatur anima eius. Et certe uides
quomodo adiurauit me raguel: cuius
adiuramentum spernere non possum.
Tunc raphael assumens quatuor ex ser-
uis raguelis et duos camelos in ra-
ges ciuitatem medorum perrexit: et inueni-
ens gabelum dedit ei cirographum
suum: et recepit omnem pecuniam. Indica-
uitque ei de tobia filio tobie omnia que
gesta sunt: fecitque eum secum uenire ad
nuptias. Cumque ingressus esset domum
raguelis: inuenit tobiam discumbentem:
et exiliens osculati sunt se inuicem. Et
fleuit gabelus: benedixitque deum et dixit.
Benedicat te deus israhel: quia filius
es optimi uiri et iusti et timentis deum
et elimosinas facientis. Et dicatur be-
nedictio super uxorem tuam et super pa-
rentes uestros: et uideatis filios uestros
et filios filiorum uestrorum usque in terciam
et quartam generationem: et sit semen
uestrum benedictum a deo israhel qui
regnat in secula seculorum. Cumque
omnes dixissent amen: accesserunt ad
conuiuium. Sed et cum timore domi-
ni nuptiarum conuiuium exercebant. X
Cum uero moras faceret tobias
causa nuptiarum: sollicitus erat pa-
ter eius tobias dicens. Putas quare mo-
ratur filius meus: aut quare detentus
est ibi? Putas ne gabelus mortuus

古腾堡《圣经》零叶

Polychronico 一页、一四三四年至一四五〇年朝鲜甲寅活字本《昌文集》一页。”

印刷术出现之前，欧洲书籍均以手抄本传世。本页一二四〇年手抄本《圣经》为双面，五十行，双栏，哥特字体，朱墨两色抄写极精，饰朱蓝色花纹，金箔纹饰。

一四五〇年至一四五五年间古腾堡印制的《古腾堡〈圣经〉》，为西方最早的活字印刷书籍，仅有四十九部存世。本页《古腾堡〈圣经〉》为双面，四十二行，双栏，哥特字体，朱墨二色描画头字母。装帧为一册六页。附 A.Edward Newton 著 *A Noble Fragment: being a Leaf of the Gutenberg Bible* 一册。

一四八二年英国卡克斯顿活字印刷摇篮本 *Polychronico* 为双面，单栏，四十行，标注有标题与页码。附 George D.Painter 著 *Willian Cactonand the 1842 Polychronico* 一册。卡克斯顿活字摇篮本的出现，使得英语的句读法和文法大体定型下来，标志着规范化英语的出现。

一四三四年朝鲜所铸的“甲寅字”，因其字体优美，素来被奉为韩国金属活字印刷的顶峰。朝鲜甲寅活字本《昌文集》一页，当印于一四三四年至一四五〇年间，开本阔大，字体明正妍妙，纸墨俱佳。

当时的著录或许是有点简陋，但是要点具备。随着时间的推移和认识水平的提高，令人愈发感觉到这是一批有系统的重要东西方古籍和活字印刷品资料。现在也许可以增加许多详细的说明，弥补当时著录的一些不足。

第一，关于西方书籍零叶认识的缺憾。

所谓零叶（single leaf/leaves），是指西方珍贵的初期印本书，因市场价格高昂，全本书在书市中出现很难得，即使出现其价格能够承担的人也是寥寥，因而书商往往将已经成为残本的书拆散，或单张或数张分别计价出售。这套零叶包括了四种，其中有十三世纪的手抄本一页、古腾堡《圣经》一页、英文摇篮本一页和东方的韩国铜活字印本一页。事实上我们看到的这批零叶是有来头的。所谓来头（provenance），此词来源于法文，为博物馆学经常使用的词汇，以为收藏源流。通常是指某件文物或古籍收藏品历来完整的转手记录，也是古董古籍交易上重要的资料，如拍卖图录、收藏目录等。这套零叶附带的资料可以看到来头分别是一些美国著名的拍卖公司和书店，汇集而成了现在这份很有意思的从手抄本到摇篮本的实物资料，包括了东西方活字印刷的比较、手抄本和活字本的比较、拉丁文摇篮本和英文摇篮本的比较，这已经构成了一个系统，对于学习古籍的鉴定和欣赏会很有帮助。零叶形式在中国也存在，这种藏书文化现象与西方有着异曲同工之妙。清末民初，一些藏书家将其所藏宋元本书，每部选取一到两叶，集数十部，拍照影印出版，供藏书家鉴定赏析。例如常熟瞿氏铁琴铜剑楼、南浔刘氏嘉业堂都曾经出版过这样的书影。民国年间，发生了故宫所谓的“八千麻袋”事件，大量保存在故宫原内阁大库的宋元版残本书流入市场，这些残本书大部分都是零册、零叶，而且多数品相不佳。这些残书大都是一些罕见版本和孤本的原件，异常珍贵，于是得到这些残本的书商和藏书家，将其拆散，或逐叶裱装，或集合成册，称之为“书影”，进行交流，供藏书家和古籍喜好者学习鉴定宋元版本使用，不同于以往的是真的使用宋元原本零叶来做书影，可谓珍贵奢侈。嘉德二〇〇四年曾经手的陈澄中旧藏《宋元书影》四册，原为傅增湘先生整理；一九九九年春季，葛胜仲撰《丹阳后集零叶》宋版卷十七零叶一叶，当时定为国家一级文物，也是傅增湘先生旧物。在珍贵古籍零叶流通的文化现象上，东西方基本概念是大体相同的，共同的人类文化现象说明，这种古籍流通形式，对于一些珍贵古籍善本的推广和教育具有积极作用和意义。通过观摩比较和研究这套四页东西方书籍零叶，就可以大体了解西方从手抄本到古腾堡活字印刷术、东西方活字印刷，以及西方活字印刷术的传播发展历程。可以说这是一套很经典的关于印刷术的实物资料。

第二，有关欧洲的手抄本认识缺憾。

欧洲印刷术出现之前，书籍或用纸张或用羊皮为载体，以手抄本传世。这套资料里面含有一页一二四〇年手抄本《圣经》，为双面书写，五十行，双栏，哥特字体，朱墨两色，抄写极精，饰朱蓝色花纹，部分图案贴金箔。从这页手抄本《圣经》的时代来看，相当于中国的南宋时期，在现存的西方手抄本中也不多见。记得曾经去美国纽约摩根图书馆参观，恰逢梵蒂冈教皇图书馆将一批抄本图书精品在此展览，可谓眼福艳遇不浅。其中很多是羊皮本，开本阔大，字体工整，书写精美，品相上乘，虽不懂那些花体字的拉丁文，但其优美依然令人震撼，除了对宗教的虔诚之外，包含了对文化和文明的敬畏之心，都一一表现出来。当时的感觉就只有两个词可以表达：漂亮，豪华。有意思的是，在展览现场，还制作了一本仿制的羊皮书，高约五十厘米，宽三十多厘米，参观者可以随意翻动，感受那些经过千百次捶打以后柔软而富有弹性的羊皮纸书。这些抄本书都是古腾堡印刷术发明之前的版本，将这些手抄本与摩根图书馆古腾堡《圣经》代表的印刷本，放在同一个空间同时展览，犹如置身两个不同的时代，这本身就是一件很妙、很有教益的事。仔细观察这页手抄本《圣经》，除了精心抄写之外，章节起始处有图案，或施色彩，或贴金箔。注意，不是一般的涂抹金粉。多年前，我曾经在美国加州杭廷顿图书馆参观，不仅看到了所藏的一部古腾堡《圣经》及其复制的印刷机，同时还看到了在展览和展示图书上贴金箔的工艺制作过程，从金块，到金箔，从金箔再到书籍中的修饰图案，极为复杂。在中国的古籍里，也曾见过用金修饰书籍的现象，从宋代以后，元明清三代多有用金粉书写的佛经，未见用金箔贴饰书籍。还有用金笺纸印刷书籍的罕见现象，例如明天启刻本《武备志》，此书的序言部分是用金笺纸印刷的（嘉德古籍图录二〇一一年春季 Lot72）。这是在造纸过程中将金箔混入形成的一种特定的纸张，也非贴饰金箔工艺。不论怎样，东西方书籍文化中都存在将贵重的金子用于古籍的现象，其本身的含义是一致的，就是此部书一定具有珍贵的价值，或者对此部书一定有虔诚之心。如此等等，仔细分析之后，会感觉到我们所看到和了解的西方手抄本，显然只是停留在直观的和形式上的浅表性内容，对于手抄本的深层内涵无从体会。了解东西方文化之间的差异，存在最致命的点位，就是东方人看不懂西方人的书法，如早期《圣经》版本多数为何要用哥特体花体字，让人很难识读，而依据西方人的书法，从中看出抄书者的学识、理解能力等那就更困难了。正如当年不识中国字，更不懂中国书法的斯坦因到敦煌，只能是寻找有图案、完整和漂亮的经卷拿走一样。东西方文化上的差异只有随着东西方文化交流发展和进步，才会逐渐缩小。要弥补这些差异也许还需要时间，但是迟早都要补上这一课。这一页手抄本《圣经》零叶正可以做补课之用。

第三，有关东方的活字术的认识缺憾。

活字本书籍，在东方最早的文献记载里是中国的著作，宋代的沈括《梦溪笔谈》。之后，中国元代王祯在其著作《农书》之末，附载了《造活字印书法》一节，详细记录了木活字创制法及拣字排版的工艺过程，这是世界上最早系统叙述活字印刷的文献。同时还著录了王祯曾经于大德二年（一二九八年）创制三万多个木活字，试印自己纂修的《大德旌德县志》，这也是中国文献记载的第一部活字本版书籍。此书今已失传。中国现存最早的木活字印本实物是《吉祥遍至口和本续》（西夏文佛经），一九九一年发现于宁夏，印本存九册，蝴蝶装，共二百二十页，十万字，白麻纸。此本内有汉文数字“四”“廿七”

等字倒置，是活字印本的证据。此外，中国黑水城考古发掘出土的西夏文活字本佛经，保留在俄罗斯东方研究所。如此之多的文献记载和考古成果，可以确认西夏王朝（一〇三八年至一二二七年），相当于中原宋代之时，活字印刷已经在中国成熟使用。

在东方，临近中国的韩国活字本出现大致在十三世纪。而这里保存的一页是十五世纪的铜活字印本，书名为《昌文集》（《昌黎先生文集》）。韩国世宗十六年（一四三四年）铸造甲寅铜活字（Cast-metal movable type），史称“甲寅字”，为韩国历史上第一套铜活字。此《昌文集》为世宗二十年（一四三八年）印刷出版，是一部略早于古腾堡《圣经》的活字印刷书籍。

值得注意的是，以往的研究，将东西方的活字印刷术混为一谈，忽略了东方的活字印刷，包括中国和韩国，与西方的古腾堡活字印刷存在工艺过程上的差异。在东方，首先发明了活字和排版技术，主要方法是活字制成以后，创制转轮排字架，推动转轮，以字就人，便于取字还字，进行排版。到此为止，东西方大体是一致的。而后的工艺过程东西方之间就有所不同。在东方，排好的活字版又回到了与雕版相同的手工印刷过程，即涂墨铺纸，以棕刷直接刷印。然而在观察古腾堡印刷时，最大的发现是古腾堡实际上是发明了一架印刷机器，尽管当时这台机器还非常原始，还在使用人力，但是它已经具备了后来机械印刷机的基本要素。现代的印刷机，只不过是比古滕堡印刷机规模更大、机械化程度更高和动力的改变。这种机器印刷工艺过程，不同于东方的印制工艺过程。由于东方活字印刷又回到了雕版印刷的老路，而且是非机械化的，也不存在机械的改造和改进问题，以至于而后又沿用近八百年，毫无更新改进。而古腾堡发明的是机器，这种机器随着技术上的不断完善和改进，逐步升级换代产生更先进的印刷机。

历史的事实揭示出，东方的活字和排版印刷书籍文献，肯定早于西方的古腾堡。但是古腾堡在印刷技术上使用了机器，发明了一套有别于东方的活字印刷术，从而使西方的印刷术走在了前列，并且拉大了与东方手工印刷的差距，为日后大步走向未来的近代印刷工业化奠定了基础。了解了这点差异，也就不难明白为何东方先发明活字印刷，而为何在日后的发展过程中又逐渐落后。

第四，有关英文摇篮本零叶的认识缺憾。

一四八二年英国卡克斯顿活字印刷的 *Polychronico*（《世界编年史》）零叶，号称“卡克斯顿版”，属于最珍贵的英文版的摇篮本。

摇篮本（incunabula，incunabulum）不论单数复数，均指古腾堡印刷术发明初期的印本，特指一五〇〇年以前用古腾堡印刷术印刷的书籍。Cunae，拉丁语“摇篮”。一四五〇年至一五〇〇年之间的西方活字印刷本，不论何种文字，不论何种字体，都是西方活字印刷术处于襁褓时期的出版物，就像处于摇篮中的婴儿，故称之为摇篮本。摇篮本不论市场价值高低与否，都是人类文明重大历史进步的见证，无不具有极高的文物和研究价值。

古腾堡摇篮本《圣经》出版后，影响到欧洲其他国家，最重要的就是英国，英文活字印刷的出现，对于日后取代拉丁文的地位，乃至于对整个世界文化产生了巨大的影响。而英文版的摇篮本书籍就是从威廉·卡克斯顿（William Caxton）版开始的。

非常有趣的是，随着一九九九年元旦的钟声，英国广播公司举行的“BBC听众评选千年英国名人”活动揭晓，步莎士比亚、丘吉尔之后，击败达尔文、牛顿、克伦威尔，荣膺探花之殊荣的是一位让人大跌眼镜的印刷出版商人，他的大名就是威廉·卡克斯顿。别说是全世界了，对于当时大多数英国人来讲，这也是一个相当陌生的名字。事实上，就对英国文学的贡献和影响力而言，除莎士比亚之外，大概无出其右者。

威廉·卡克斯顿（一四二二年至一四九一年），英国第一个印刷商，在莎士比亚之前对英语影响最大的人。到去世时，他出版了近百部书籍，内有七十四种是英文书籍，内容涵盖宗教经籍、神学、骑士传奇、诗歌、百科全书、历史、哲学及伦理学等，其中有二十四种亲自翻译的著作。他印刷的书中，有为中国人熟知的《坎特伯雷故事集》《特洛伊勒斯与克里希达》《罗宾汉故事小唱》《亚瑟王之死》等。威廉·卡克斯顿从事欧洲羊毛交易，成了富有的商人。他喜爱阅读，通晓英、法、德、拉丁文，兴趣在于文学。一四六九年他翻译法文本《特洛伊史回顾》，受到了朋友们的喜爱，纷纷索要译本。这样除了找誊抄员之外，他还亲自笔录了一些译作给朋友。

但他很快就感到自己“管秃手拙，双目无神”，无法再抄下去了。然而就在此时，古腾堡于一四五〇年发明的活字印刷术，已从美因茨沿莱茵河下传到科隆。卡克斯顿得知这一消息后，于一四七一年前往科隆，学习印刷术，三年之后，他带着一套活字和印刷机器返回布鲁日，在那里创建了印刷所。一四七六年年底，卡克斯顿应英格兰国王爱德华四世之诏，返回英国，引进了英格兰第一台印刷机，在伦敦西敏寺附近建立了英国第一个印厂，开始大规模出版书籍。在英国本土印刷出版的第一部英文书籍《哲学家的名言或警句》，这是第一本印有出版日期的英文印刷品。一四八一年，他出版了第一部带有插画的英文书《世界镜鉴》，这是一部百科全书性质的书，也是他从法文和拉丁文翻译出来的。

卡克斯顿出版的书籍对英国历史有两大贡献。第一大贡献是，在卡克斯顿的时代，英国各地有多少个郡就有多少种方言。在口语和书面语方面，英语还远未定型。语言的不统一，阻碍了英国文化、科技、思想的传播和进步。卡克斯顿在出版英文书籍时，选用了伦敦和宫廷中较其他方言更接近法语的语言，使英语的句读法和文法大致定型。为了英语的进一步规范化，他还编了一本《英－法语辞汇》，这是最早的双语词典之一。他本人朴实而生动的个人写作语言，也对后世的英语写作产生过一定的影响，对英国语言和文学，在莎士比亚之前，卡克斯顿是影响最大的人。他出版的书籍保存了英国早期文学著作，而且深刻地影响了其后英国文学的阅读和写作，使得英语的句读法和文法大体定型下来，标志着规范化英语的出现。语言的统一，对于推动后来的英国宗教改革、文艺复兴，以及经济发展和政治统一，奠定了基础。第二大贡献是，一四七六年威廉·卡克斯顿将印刷机引入英格兰后，大量出版文学著作，推动了白话文学开始蓬勃发展，对英语文学、宗教、政治产生了深远的影响。这些书籍极大地开阔了人们的眼界，促进了英国新文化的发展。直至影响到英国的宗教改革，带来了新的礼拜仪式，最终产生了《公祷书》（*The Book of Common Prayer*）。影响到英语文学的文艺复兴，一直延伸至十七世纪中叶查理二世复辟为止，戏剧、诗歌等方面诞生了莎士比亚、马洛、斯宾塞等一批闻名世界的文学大师。从这个意义上来说，卡克斯顿是英国文艺复兴和英国文学繁荣的助产士，为日后英国的宗教改革、资产阶级革命、工业革命以及日不落大英帝国的未来，铺平了道路。就凭借这两大贡献，他在五百年后名列英国千年名人第三位，理所应当，丝毫不过分。

这位对英语世界产生重要影响的人物，西方人对于他的重要地位的认识也很晚。直到二十世纪七十年代才给予他应有的历史地位。一九七六年英国为纪念卡克斯顿引入英国第一台印刷机五百周年，举办了一百多场纪念会和展览，在威斯敏斯特大教堂举办追思会，成立国际卡克斯顿学者联合会，并专门出版了纪念邮票。他所印刷的书籍被后世称为“卡克斯顿版”，现以孤本或残篇留存至今的仅有三分之一，也被称之为英国最为珍贵的“摇篮本”。这套资料中卡克斯顿版《世界编年史》的零叶，在英国被视为最受欢迎的作品之一。此书出版后，一四九五年、一五二七年两次出版，足见其对英国的影响和受欢迎的程度。这页卡克斯顿版的《世界编年史》可以象征现代英国的开端，是英国文艺复兴肇始的代表，对数百年之后的英国文学，以及整个英语世界有着难以估量的深远影响。

如此这般，此虽零叶，当奉为至宝。

第五，关于古腾堡圣经零叶的认识缺憾。

古腾堡《圣经》，是世界人类文明进步的重大历史标志之一。

在古腾堡印刷《圣经》之前，《圣经》是以抄本形式流传，包括希伯来文、古希腊文、古拉丁文等。其实这与中国古代雕版印刷出现以前的情形是一样的，在宋代以前，中国的文献绝大多数都是以手抄本形式流传。所以，中西文化在这里又出现了相同的文化现象。如《圣经》，经过多种文字、多年的传抄，脱字、衍字、别字、错字势所难免，直到后来由罗马教廷出面，统一颁发给各国教会遵照使用的“俗文圣经”，以拉丁文写成，成为基督世界读经的标准《圣经》版本。在中国，汉代以后的经学，也遇到过类似的问题，最后由中央朝廷出面，相继将经文刻在石头上，所谓熹平石经、正始石经等，成为读经人的标准用本。

古腾堡《圣经》一四五〇年至一四五五年前后在德国缅因兹印刷，拉丁文，字体为歌特体、字号为大号，版式每页两栏，各四十二行，故又称四十二行本《圣经》（42-line Bible）。实际上第一到第九页为四十行，第十页为四十一行。无出版商、出版地、出版时间的说明，共六百四十一页。有羊皮纸本和纸本两种印本。其中段标（handlines）、句读（accents）、篇首的超大花体字母（initials），均为手工描绘。

古腾堡《圣经》被誉为世界上最伟大的书。二〇〇〇年全球普查的结果，现存古腾堡《圣经》共有四十八部，其中全本二十一部。可谓部部价值连城。据以往市场的成交记录可见：

一八四七年伦敦苏富比蓝色摩洛哥羊皮旧式装帧略残本，五百英镑。

一八八一年布林利拍卖会两卷本（缺五页）残本，八千美金，后配齐，约翰 • H. 薛德收藏，今在普林斯顿大学。

一九〇五年有书目标价一万九千五百美金。

一九二三年伦敦苏富比，罗森巴哈九千五百英镑为福泽默委托，一九八七年转让德州大学，二百四十万美金。

一九二六年美国著名书商罗森巴哈十六万六千美金，转给哈克尼斯一部，现存普林斯顿大学。

一九八七年日本丸善书店残本一册四十九万美金，一九九六年转让庆应大学。

一九八七年四月七日，克里斯蒂 NY 拍卖会，成交一部，二百四十万美金。

嘉德所征集的这页古腾堡零叶的来历，是一九二〇年十一月九日纽约古书商加伯瑞尔·威尔斯于伦敦苏富比，购得一部残本古腾堡《圣经》，缺五十页，后大部分改作零叶形式出售，精致豪华的牛皮大开本装帧，题为“尊贵的断简残片”（A Noble Fragment：being a Leaf of the Gutenberg Bible，1450—1455），此册封底内下角有极小的烫金文字“Bound by Stikemen & co.N.Y”，这是纽约的装帧公司，书脊烫金“Gutenberg”（古腾堡）字样。于一九二一年上市，最初定价三百美金。加伯瑞尔·威尔斯为这页古腾堡《圣经》延请了著名的藏书家和鉴定家爱华德·纽顿撰写了长篇考证文章。相比之下，中国的宋元书影，区区几个字，简单托裱，似乎有点简陋了，但有人认为这就是中国的特色，雅。爱德华·纽顿（一八六四年至一九四〇年），美国费城工商业界人士，是美国十九世纪末二十世纪初英文文学书籍的重要的推波助澜人之一，著名的西文书收藏家和鉴定家。一九一八年之后发表散文集《藏书之乐》等，以简单明了、起伏跌宕的藏书故事情节，丰富翔实的藏书知识，轻松幽默的笔调赢得了读者的喜爱。纽顿先生曾经撰写过一本书，名为《最伟大的书》，专门论述《圣经》及其关联本。关联本（association books）泛指其版本、内容和写作过程中、流传过程中与某位名人或某起重大历史事件沾带关系的书。此书从《圣经》的抄本说起，详述了古腾堡《圣经》及其后来的各种版本的历史背景和源流，以及收藏和收藏家、流通和转移故事等，是目前所见关于《圣经》版本源流影响最大、最权威的著作。因此，延请纽顿先生出山，秉笔叙述前言，无疑是最合适、最权威不过了。

除了那些巨无霸可以拥有整部的古腾堡《圣经》，对于一些没有那般机缘和财力的藏书家，因此也可以拥有赏读和触摸这本最伟大的书的机会。经常泡在古籍善本拍卖的展览现场，那是多么好的机会，可以亲手触摸，可以慢慢翻看，可以仔细核对鉴定。在图书馆哪里有可以随意上手明代的、元代的，甚至是宋代的善本书的机会。而古腾堡《圣经》，是国际公认的代表，是人类文明与进步的象征，在现今的一些国际上知名的博物馆、图书馆的展览中，或许能看到它静静躺在橱柜里面，如纽约公共图书馆、加州杭廷顿图书馆等，普通人终其一生，或许只能看到一眼，而无触摸一页的可能。在我们的展览现场里，不仅可以看到，而且可以触摸和拿起来端详，这是何等的待遇和福气！藏书的人都知道，隔着橱窗看善本，与上手看善本，感觉和效果完全是不同的。比如纸张，我们鉴定宋版，必须看其纸张，其中一个重要的因素就是看簾纹，所谓簾纹就是造纸时所用的抄纸工具留下的痕迹，根据簾纹的宽窄，可以提供造纸的年代，为确定版本提供硬件年代标准。如不上手，很难看出簾纹，纸张鉴定年代就无从谈起。这在西方也是一样的，许多书籍印刷时使用的纸张是带有水印的，或是造纸工坊，或是家族名字，又或是家族徽记，如果不上手看，就无法看到这些水印，对于鉴定版本就显然存在缺失。记得二十世纪九十年代，伦敦佳士得曾将《莎士比亚大全集》第一对开本拍卖前送到北京，在国际俱乐部饭店展出。

当时我也去参观，隔着橱窗无法上手，于是我只好问当时在场的工作人员，印刷这部第一对开本的纸张是否有水印？没有得到确切的答复。后来找了专家，回复说有。但是无法上手，还是不知道水印是什么内容，我想将来即使再有缘看到了还是不知道。所以这次参观就是久闻大名，顶礼膜拜一下罢了，少了知识和经验上的长进。如果能上手看一下，结果和可能就是另一个样了，至少我在这里就可以拿出来吹吹牛。再如这套资料中的古腾堡《圣经》，透过光线观察印刷所用的纸张，除了可以看到清晰的簾纹之外，还有明显的水印标志，是一具鹿或羊首并横有特殊符号，很像是一头中箭的鹿或羊首。如果不是上手观察，断然无法看到其中的秘密。

总而言之，这套区区四页东西方书籍零叶资料，虽不成大气，但是，小中见大，研究和欣赏的结果往往会令人大吃一惊，东方的活字印刷发明对其历史和文化的直接影响几乎微不足道，而西方的活字印刷发明对其历史发展和进步的直接影响则是改变了整个世界。东西不是不好，也非价格超常，只是没有出现在合适的地方和适当的时间，也许拿到西方国家就不会如此，也许再晚出一些时间，中国人对世界的了解更广泛而深刻，结果也不会如此。

关于佛经版本的断想

近些年来，陆陆续续地看到和经手了一些佛经，其中有写本佛经、有刻本佛经、有入藏本佛经、有单刻本佛经，自唐宋元明清各朝都有。偶尔遇到一些版本问题，有一些感想，虽没有系统地整理过，但不说出来，总觉得不快。因此，就把这断断续续的想法抖落出来，唤作关于佛经版本的“断想”罢了。

关于敦煌写经

十几年前大英图书馆曾发表文章，说中国文物市场上流通的敦煌写经，都是作伪的、假的。此观点发表后，无疑对中国的古籍收藏界，文物古籍市场是一个震动，一时引起轩然大波。因为，就中国国家图书馆现存的敦煌经卷来说，除了陈垣先生《敦煌劫余录》的八千余卷之外，很多也是后来陆续从市场上购买补充回来的，或有些是来自捐赠，实际也是间接来自于市场。因此，这种说法不仅对于古籍市场来说不啻是灭顶之灾，而且诸多国家的图书馆和博物馆所藏的敦煌经卷都面临着一个真伪鉴别的问题。我不知道大英这个说法的依据是什么，但是国内很快就看到了史树青先生的驳斥文章。文章直接针对大英的观点，认为中国文物市场上的敦煌经卷基本上都是对的、真的。特别是关于天津李（盛铎）氏凡将阁，认为传说的作假也没有依据。在这十几年当中，我遇到的敦煌经卷几近百件。在二〇〇〇年前后，我遇到了一批敦煌的东西，来自于日本的名家，都有李氏凡将阁的收藏印记，我觉得这批东西真伪有问题。为了给卖家一个没有争议的交代，我们提取了纸样，并加入以前我们拍卖认为没有问题的敦煌经卷纸样四件，一并编号寄到美国亚利桑那大学同位素碳十四测定室，进行年代测定。结果很有意思，我们加入的四件敦煌藏品目鉴的纸张年代与科学实验的结果，有两件一致，有两件有五十年的误差，初唐与中唐的差别而已。而我们认为有问题的十几件果然纸张年代不对。

经过了这件事，我以为敦煌的物件真伪现在还是能够目鉴出来的。因此那些在古籍市场上有尾题的、完整的敦煌经卷还是非常值得收藏的。这毕竟是国际瞩目的显学资料，同时是人类留下来的千年文化宝物，其文物和书法艺术价值是无可替代的。至于史先生讲的李氏凡将阁没有作假，可能是五十年代初史先生去李氏家所见，并不意味着二三十年代李家未曾作假。至于为何作假，是何原因，是何目的，我们今天已经不得而知了。总之，市场上流通的敦煌写经，的确有真有假，大英博物馆和史先生的说法似乎都有点绝对化了，不过到目前为止，依据经验可以鉴别出来真伪问题。

关于唐代刻经

三十多年前，当中国人民还在忙于史无前例的“文化大革命”时，我们的近邻韩国，悄悄地进行了一次佛塔的清理，结果令世人震惊，清理出了一件认为是人类现知最早印刷的书籍——《无垢净光大陀罗尼经》。这座佛塔的建造年代是七五一年，这本被填入佛塔的书印刷年代下限，就不晚于七五一年。而且这本书中的文字，有武则天称帝时颁布的“造字”，这些字在武则天之后就被弃之不用了，因此学术界一致认为这本书应该印刷在唐武周时期，即六九〇年至七〇五年之间。这个发现一经报道，就对传统上认为的印刷术诞生在中国提出了挑战，这是系关中国四大发明的重大问题。目前关于这本佛经的争议，韩国学者认为这是韩国的印刷品，中国学者认为这是中国中原的印刷品，只是流传到了韩国。我所想到的是，唐代的印书，极为罕见，但是中国地方大，无奇不有，现在我就可以拿出一件我

飾之寶繩交絡垂諸華纓重敷綩綖安置丹
枕駕以白牛膚色充潔形體姝好有大筋力
行步平正其疾如風又多僕從而侍衛之所
以者何是大長者財富无量種種諸藏悉皆
充溢而作是念我財物无極不應以下劣小
車與諸子等今此幼童皆是吾子愛无偏黨
我有如是七寶大車其數无量應當等心各
各與之不宜差別所以者何以我此物周給
一國猶尚不匱何況諸子是時諸子各乘大
車得未曾有非本所望舍利弗於汝意云何
是長者等與諸子珍寶大車寧有虛妄不舍
利弗言不也世尊是長者但令諸子得免火
難全其軀命非為虛妄何以故若全身命便
為已得玩好之具況復方便於彼火宅而拔
濟之世尊若是長者乃至不與最小一車猶
不虛妄何以故是長者先作是意我以方便
令子得出以是因緣无虛妄也何況長者自
知財富无量欲饒益諸子等與大車佛告舍

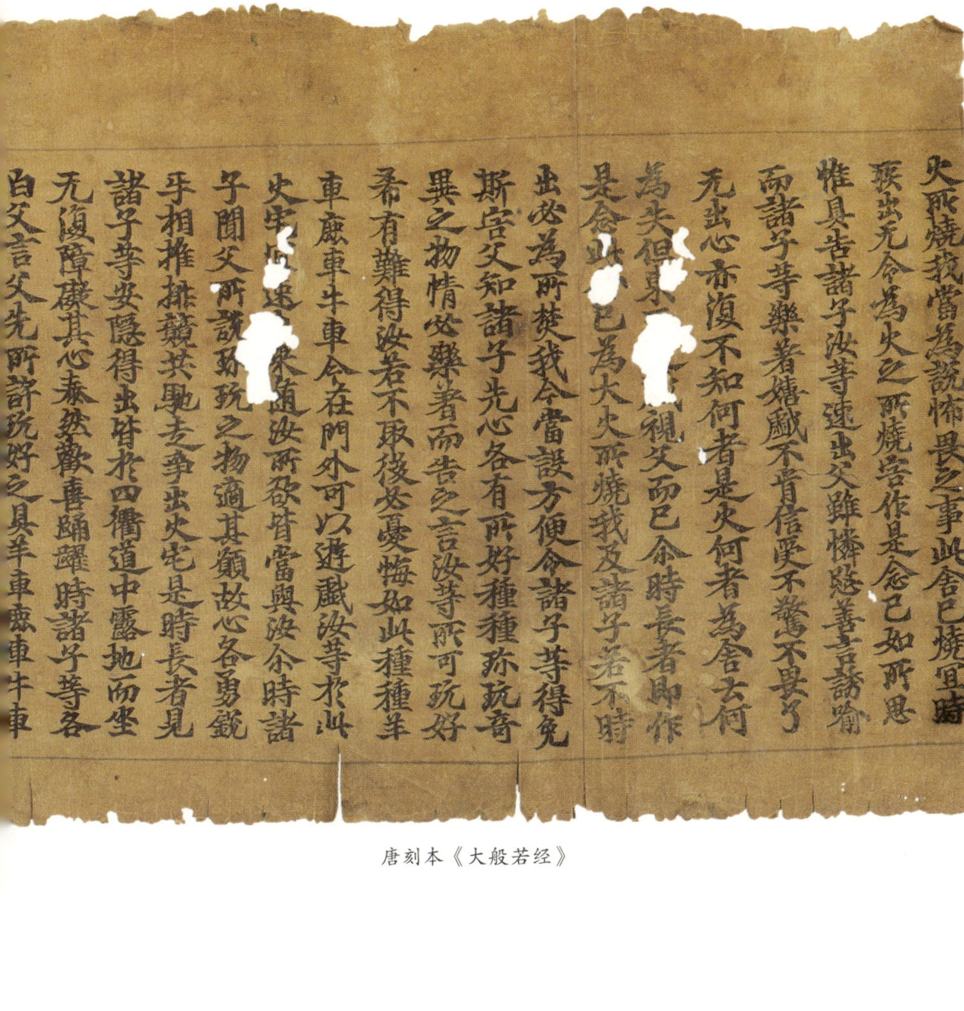

火所燒我當為說怖畏之事此舍已燒宜時
疾出无令為火之所燒害作是念已如所思
惟具告諸子汝等速出父雖憐愍善言誘喻
而諸子等樂著嬉戲不肯信受不驚不畏了
无出心亦復不知何者是火何者為舍云何
為失但東[illegible]視父而已尒時長者即作
是念此[illegible]已為大火所燒我及諸子若不時
出必為所焚我今當設方便令諸子等得免
斯害父知諸子先心各有所好種種珍玩奇
異之物情必樂著而告之言汝等所可玩好
希有難得汝若不取後必憂悔如此種種羊
車鹿車牛車今在門外可以遊戲汝等於此
火宅[illegible]來隨汝所欲皆當與汝尒時諸
子聞父所說珍玩之物適其願故心各勇鋭
互相推排競共馳走爭出火宅是時長者見
諸子等安隱得出皆於四衢道中露地而坐
无復障礙其心泰然歡喜踊躍時諸子等各
白父言父先所許玩好之具羊車鹿車牛車

唐刻本《大般若经》

认为是唐代印刷的《大般若经》（Lot3080）。韩国的这部佛经之所以被认为是唐代印刷品，原因很多，其中有两个原因值得注意，一是文字中有中国隋唐时期写经常用的俗体字，如“害”“愿”等，这种写经俗体字宋代以后刻本佛经中已不再见到。而我举出的这部佛经残纸中，这些写经俗体字显而易见。二是文字字体古拙。通常所说的“古拙”是形容词，无量化分析。我说的古拙，是量化的。雕版制版发展过程中，从受写经影响的行书字体和楷书字体混合的版刻，走向单一的楷书字体，是雕版工艺技术的一个重大进步。因为楷书字体刻板工匠所用的刀数，要比行书字体少很多，难度也降低很多，这对于雕版刻书的兴起与扩大具有重要的积极意义。正如同明代正德、嘉靖年间仿宋体形成，对雕版工艺过程的影响一样，使得原来手书上版、千人千面的依赖写手的雕版工艺，进入了摆脱写手和不同的楷书字体，刻工直接用仿宋体标准字上版的阶段。这为明代正德、嘉靖以后，印刷业的空前发展奠定了基础。所以宋代以后，一般仅见刻书序跋有用行书、草书者，正文很少再用行书雕版者，其原因就是太费工，太繁复。由此来看这部残经，行书太多，写经味太重，这就是我所说的古拙。自我看到了这幅唐刻残经之后，我想韩国发现的《无垢净光大陀罗尼经》，其雕工印制的成熟性表明，一定还有更早时期的雕版和印刷品，而且从我现在的经历说明，还存在新发现的可能和机会。

关于开宝藏

开宝藏，是中国宋代初年刻印的第一部佛经大藏，对此后中国、韩国、日本大藏经的编辑具有重要的影响。可惜今天已经不可再见完整的开宝全藏，仅存数十本零本，令世人可以一睹风采。这部大藏，开雕于四川成都地区，后来朝廷将书版征调到宋朝的京城开封，时称汴京。所以此经初印者，为四川印本，后来为汴梁印本。更妙的是此本原属官方雕版印制，后来到汴梁民间也可以请印。一般认为现存的开宝藏都是汴梁后印本，这就难免不同寺庙、个人请印时间不一、用纸不一等。开宝藏流传罕见，我以往不曾专注研究。直到前两年国家图书馆欲收藏一本新发现的开宝藏零本，应邀前去鉴定时，才特意调出资料，研究准备了一下。首先注意到了开宝藏的雕工问题。开宝藏的雕工在刻经版时，大量采用通刀法（这是我的归纳称呼），如“十”，通刀法这般刻“”，非通刀法这般刻“”。印刷出来后的结果是前者在笔画交叉处留有白线，后者没有。这对于刻工来讲，就这一个只有两画的字，前者只需要八刀就可以刻好，而后者需要十二刀。而且，前者平行或者垂直用刀，一刀而过，可以保证横平竖直，交叉转角处干净。而后者则有相当的困难，要求技术甚高，特别是转角处雕版时很难处理干净。注意到这个问题后，我要求再从库中调出两卷开宝藏、一卷赵城金藏、一卷福州万寿大藏，进行比较。赵城金藏是金朝完全承袭开宝藏雕印的北方大藏，福州万寿大藏是南方的北宋时开雕的大藏，刻工雕版工艺技术完全不用通刀法。这种雕工在其他宋代的刻书中也未曾见到。因此，这是开宝藏雕版独有的特性。我想一部大藏经刻字数众多，若平均一字少刻一刀，那就不是小数了。且中国一个地方刻印有史以来规模卷数如此巨大的书，一定有刻工的组织培训问题，这显然是一个师傅教出来的刻法，具有极其强烈的地方色彩和个人特性。这种雕版印刷的书，在笔画交叉处会留白，留出一细细的白线，影响了美观，我想这就是这种雕工方法后来被淘汰的原因。换句话说，以后如有碰见印书笔画交叉处有留白的宋版书时，它也许多少与四川有关，与开宝藏有关。

关于元官藏

元官藏是近十几年出现的一个有趣问题。此前世人只知道在云南省图书馆存元官藏数十册。元官藏版刻非常出名，因为在现存的宋元明清大藏经中，元官藏雕版巨大，每版可以折七个半叶，世存大藏经中只有元官藏如此。以至于在印刷时竟然没有如此巨大的纸张，只有通过拼接的纸张来印刷（Lot3082）。这可不是小事，一部大藏经，大约也要印十万叶，每叶都要拼接，就不是小工程了。到目前为止，我所见和所过手的元官藏，包括国家图书馆新购藏的元官藏，以及资料上看到的云南省图书馆藏本，纸张各自都不一样；云南藏、国家图书馆藏，以及我所见的元官藏卷首的扉页版画图，各自也都不一样。元官藏存在如此众多的差异，我认为应该是不同地区、不同时间、不同的施主请印导致的结果。不论这些区别，我以为判定是否为元官藏，除了每版折叠七个半叶之外，就是元官藏版刻的栏框是上下双栏。一般来说，单刻经可采用上下双栏，而作为大藏经，一般都采用单栏。因为大藏经少说也要刻十万张版，如用双栏，那将要多雕刻多少线，这将平添多少工作量。所以，元官藏的版刻特点之一，版框上下双栏。若见到刻板每版经折七个半叶，且版框为上下双栏的大藏经本，我想就应该可以认定其为元官藏。

关于普宁藏

元代杭州普宁寺刻大藏经，以前似乎最没有争议。但是随着近年来研究的进展也有了新的问题。我的老朋友李际宁先生在其著作中引证徐一夔《始丰稿》云:《普宁藏》经版藏“杭之南山大普宁寺。未及广布而遭数小劫，版与寺俱毁”。此处原文是指后来续刊的《天目中锋和尚广录》等经版，还是整个《普宁藏》经版，语焉不详。但是李先生认为元朝元统三年之后不久，《普宁藏》经版与寺俱毁，“以后再不

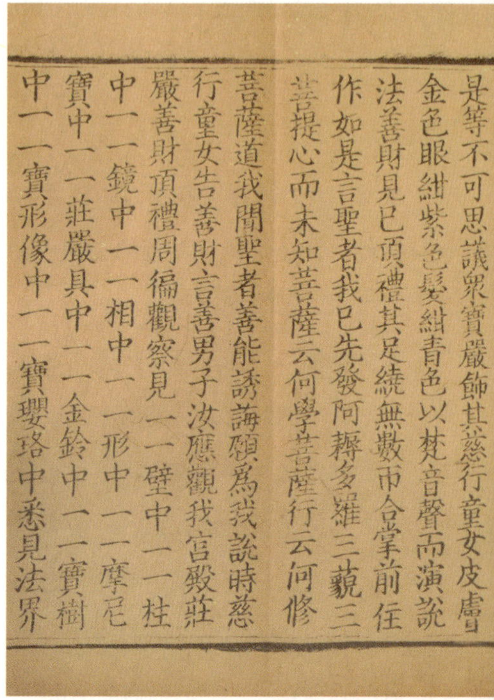

是等不可思議衆寳嚴飾其慈行童女皮膚金色眼紺紫色髮紺青色以梵音聲而演說法善財見已頂禮其足繞無數帀合掌前住作如是言聖者我已先發阿耨多羅三藐三菩提心而未知菩薩云何學菩薩行云何修菩薩道我聞聖者善能誘誨願爲我說時慈行童女告善財言善男子汝應觀我宮殿莊嚴善財頂禮周徧觀察見一一壁中一一柱中一一鏡中一一相中一一形中一一摩尼寳中一一莊嚴具中一一金鈴中一一寳樹中一一寳形像中一一寳瓔珞中悉見法界

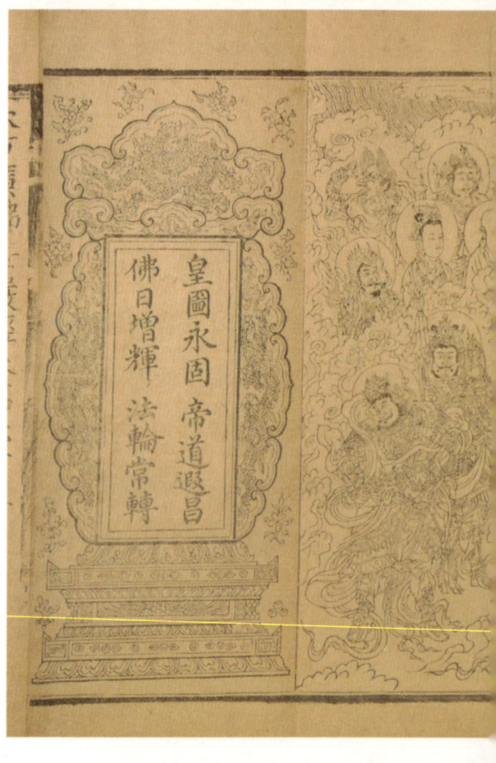

元刻普宁藏本《大方广佛华严经》

大方廣佛華嚴經卷第六十五　壹

于闐國三藏沙門實叉難陀譯

入法界品第三十九之六

尒時善財童子於善知識所起最極尊重心生廣大清淨解常念大乘專求佛智願見諸佛觀法境界無障礙智常現在前決定了知諸法實際常住際一切三世諸刹那際如虛空際無二際一切法無分別際一切義無障礙際一切劫無失壞際一切如來無際之際於一切佛心無分別破衆想網離諸執著不取諸佛衆會道場亦不取佛清淨國土知諸衆生皆無有我知一切聲悉皆如響知一切色悉皆如影漸次南行至師子奮迅城周徧推求慈行童女聞此童女是師子幢王女五百童女以爲侍從住毗盧遮那藏殿於龍勝栴檀足金線網天衣座上而說妙法善財聞已詣王宮門求見彼女見無量衆來入宮中善財問言諸人今者何所往詣咸報之言我等欲詣慈行童女聽受妙法善財童子即作是念此王宮門既無限礙我亦應入善財入已見毗盧遮那藏殿頗梨爲地瑠璃爲柱金

见关于《普宁藏》经版下落的记载，亦不见请印该藏的信息，《普宁藏》也就成为真正的元版大藏经”。可是现在我手上就有一本来自日本收藏的《普宁藏》零本《不空羂索神变真言经》。此本尾有请印题记，内称:“大明国山西布政使司平阳府蒲州王郭里，奉佛信士范氏喜舍资财于浙江杭州府，请到大藏尊经，恭入本州王庄里栖岩禅寺。……洪武贰拾肆年拾□□□拾捌日。”这本经内有刻工“徐坚”，据资料称山西青莲寺藏至元十七年刻普宁藏《华严经》，卷第三十三首版就有“徐坚刻”字样。故此人为普宁藏知名刻工，此本必元刻普宁大藏经本无疑。且刻印的请印题记明确说明两点，一是杭州的大藏经，宋朝末至明朝洪武以前，版存杭州者唯有普宁大藏；二是洪武二十四年，元朝灭亡二十年以后。这个信息表明了杭州的《普宁藏》经版应该依然在世，甚至还可以请印。这使我对《普宁藏》经版问题，即所谓“遭数小劫”，《普宁藏》经版与普宁寺俱毁的说法有了一点怀疑。所以这本明代请印的普宁藏零本，资料价值非常重要，它有可能颠覆一个现行的说法。

对于佛经版本，以往学界不甚关注，遗留问题甚多，近些年此风有所更正，研究的深度和进展令人刮目。而我不过是在边边角角，零零落落，断断续续地有些想法。当然这只是其中一部分，还有一些想法，没有头绪，也无暇整理，容日后再陈。

《胡适先生存札序》

绩溪胡氏，徽州郡望。近世哲人胡适先生，既是绩溪明经胡氏后裔。先生尝云，此身非吾有，一半属父母，一半属朋友。故一时文人，皆称适之朋友，以为自豪。

此胡适先生存友朋书札，为新文化运动的倡导者陈独秀十三通、为维新先贤梁启超十一通、为文学巨匠徐志摩三通。尤以陈独秀致胡适、李大钊等书札为要，系事关一九一八年至一九二〇年间新文化运动和五四运动的重要历史文献。

斯人今俱已去矣，问题与主义皆成太古遗音，唯此容忍异己意见与信仰的私谊文字，如金石镌泐，令后人仰观嗟叹。

《陈独秀致胡适书札》

一、陈独秀致胡适、李大钊信札　民国间手稿本　一通三页纸本

提要：此为陈独秀致胡适（适之）、李大钊（守常）信札，书于一九二〇年五月七日，所谈为《新青年》经营之事。一九一九年，陈独秀受“私德”攻击，愤而离开北大，转赴上海，《新青年》随之迁回上海，胡适、李大钊、鲁迅、周作人等编辑同人仍留北京。陈独秀与发行商群益书社之间为办报事宜，数次发生冲突。陈氏致信胡适、李大钊，协商“《新青年》或停刊，或独立改归京办，或在沪由我设法接办（我打算招股自办一书局）……我因为以上种种原因，非自己发起一个书局不可，章程我已拟好付印，印好即寄上，请兄等切力助其成，免得我们读书人日后受资本家的压”。信中并谈及《罗素全集》、李大钊《社会问题丛书》写作出版事宜。

二、陈独秀致胡适信札　民国间手稿本　一通两页纸本

提要：此为陈独秀致胡适信札，书于一九二〇年五月十一日，此前胡适、蒋梦麟于一九二〇年五月四日发表《我们对于学生的希望》遭报端指摘。信中谈及《新青年》脱离群益书社，独立自办书局之事。并谈及上海学生受人唆使，做出“毫无意识的事，牺牲了

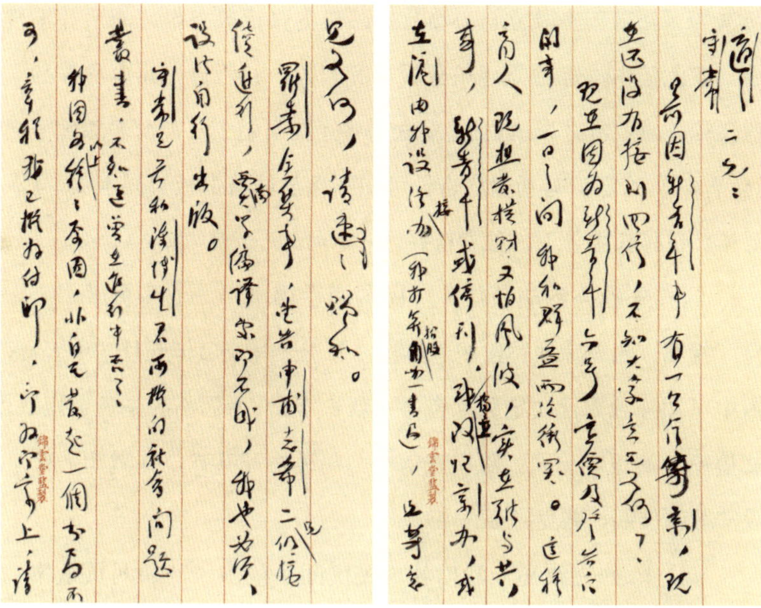

《胡适先生存札序》

数百万学生宝贵时间，实在可憎之至。倘数处教会学校果然因此停办，那更是可憎了”，并建议胡适在北大单独开课，“不上课的学生大可请他走路，因为这种无意识的学生，留校也没有好结果”。认为“政府的强权我们固然应当反抗，社会群众的无意识举动我们也应当反抗”。所谈当指一九二〇年年初京沪等地学生因抗议“山东问题”举行的罢课集会等活动。

三、陈独秀致胡适信札　民国间手稿本　一通两页纸本

提要：此为陈独秀致胡适信札，书于一九二〇年五月十九日，

所谈为《新青年》独立自办事宜。陈氏主张招股办报，胡适并不赞成。在此信中，陈独秀逐条分析招股利弊，并坚持“此事我誓必一意孤行，成败听之”。此信中陈氏解释了与群益书社的交恶原因——《新青年》的定价与刊登广告。可知陈氏与群益书社势同水火，《新青年》在陈氏主导下，独立自办已成定局。

四、陈独秀致胡适信札　民国间手稿本　一通两页纸本

提要：此为陈独秀致胡适信札，书于一九二〇年五月二十五日，内中可知陈独秀已决定独立自办《新青年》，所面临的是资金短缺、文稿不足的艰难局面。陈氏在信中与胡适协商甚详，并嘱胡适在京设法筹款催稿，共克时艰。

五、陈独秀致高一涵信札　民国间手稿本　一通两页纸本

提要：此为陈独秀致高一涵信札，书于一九二〇年七月二日，所谈为《互助路》《社会主义史》翻译出版及《新青年》八卷一号出版发行事宜。此时的陈独秀，已接受了“一声炮响”送来的马克思列宁主义，在上海筹建中国共产党发起组织（共产主义小组），进行建党活动。他主办的《新青年》八卷一号，被视为上海共产主义小组公开出版的机关刊物。极具共产主义色彩的《新青年》未得到胡适等编辑的欢迎。陈独秀在信中感叹“文稿除孟和夫人一篇外，都不曾寄来，长久如此，《新青年》便要无形取消了，奈何！”故此，陈独秀特意致信同为《新青年》编辑的高一涵。高一涵（一八八五年至一九六八年），原名高水浩，别名涵庐、梦弼等，安徽六安人。

一九一二年，入明治大学政法系就读。一九一六年，任北京大学编译委员，兼中国大学、法政专门学校教授。一九二五年加入中国国民党。一九二六年加入中国共产党。曾主编《晨钟报》《甲寅日报》《每周评论》《努力月刊》《现代评论》等刊物，著有《政治学大纲》《政治学纲要》《欧美政治思想史》等，并译《杜威的实用哲学》《杜威哲学》等。

六、陈独秀致胡适、高一涵信札　民国间手稿本　一通一页附封一枚纸本

提要：此为陈独秀致胡适、高一涵信札，书于一九二〇年十二月二十一日，内中谈及广东办学事宜。一九二〇年，应时任广东省省长兼粤军总司令陈炯明之邀，陈独秀赴广州担任广东教育委员会委员长之职。陈氏此信邀请高一涵赴广州，并嘱胡适代为邀请陶孟和、顾孟余来广东办学。顾孟余曾于一九二五年赴粤担任广东大学校长，不知是否为陈独秀所荐。陶孟和（一八八七年至一九六〇年），原名履恭，天津人。入东京高等师范学校习历史和地理、复入英国伦敦大学社会学和经济学。归国后任商务印书馆编辑、北京高等师范学校教授、北京大学文学院院长、教务长等职。一九一二年，与梁宇皋编写了《中国乡村与城镇生活》，为我国首部社会学著作。历任中央研究院社会科学研究所所长、中央研究院评议会的评议员、中央研究院院士、中国科学院副院长。顾孟余（一八八八年至一九七三年），名兆熊，字梦渔，后改孟余，笔名公孙愈之，上虞人。清光绪

三十一年（一九〇五年）入北京译学馆。翌年，赴德国留学，入莱比锡大学学电机工程，复入柏林大学学政治经济学。回国后加入同盟会，参加武昌起义。先后任北京大学教务长、广东大学校长、中山大学委员会副主任、国民党中央政治委员会委员，任国民政府委员、国民党中央宣传部部长、铁道部部长、交通部部长、中央大学校长。

七、Turexy（钱玄同）致胡适信札　民国间手稿本　一通一页纸本

提要：此为英文署名“Turexy”者致胡适，为胡适、陈独秀二人“失和”的劝解信。一九二〇年，陈独秀给胡适去信，希望北京同人为《新青年》多作文章，使之淡化政治色彩，胡适却提出三个解决办法：一）、听任《新青年》成为具有政治色彩的杂志，而另创一个哲学文学的杂志。二）、将《新青年》编辑部移到北京来，由北京同人发表新宣言，声明不谈政治。三）、停办《新青年》。陈独秀接信后极怒，立刻拒绝，并指责胡适、陶孟和二人与梁启超为首的“研究系”关系亲密。此信即Turexy为“研究系”一事劝解胡适不必介意。另胡适所提的三个办法，《新青年》同人中意见不一，张祖训、高一涵、李大钊同意胡适意见，赞成移到北京编辑；周作人信中并谈及《诗经》音韵文章之事。

八、陈独秀致胡适、李大钊等信札　民国间手稿本　一通两页纸本

提要：此件为陈独秀致胡适、高一涵、张祖训（慰慈）、李大钊（守常）、陶孟和、鲁迅（豫才）、周作人（启明）、王星拱（抚五）、

钱玄同八位《新青年》同人的公信，书于一九二一年一月九日。信中一一答复了胡适提出的关于《新青年》的三个解决办法，态度尤为坚决，言辞颇为激烈，有“弟虽离沪，却不是死了，弟在世一日，绝对不赞成第二条办法”，“第一条办法，诸君尽可为之，此事于《新青年》无关，更不必商之于弟。若以为别办一杂志便无力再为《新青年》做文章，此层亦请诸君自决”之语。

九、陈独秀致胡适信札　民国间手稿本　一通一页纸本

提要：此为陈独秀致胡适信札，书于一九二一年二月一日，信中所谈为《新青年》移京别组之事。胡适提出解决《新青年》政治色彩过浓的三个方法，在《新青年》同人编辑中造成三种不同意见，陈独秀在此信中重申反对，并表示不会再为《新青年》撰文。然而此时《新青年》的分裂已成事实，陈氏的坚持或挽回已然无济于事。此后不久，《新青年》移到广州，陈氏写信致北京同人宣布《新青年》与他们断交，让胡适等人另办新报，并声明自己不会为新报撰文。曾经志同道合的《新青年》同人由此宣告决裂。

十、陈独秀致胡适信札　民国间手稿本　一通一页纸本

提要：此为陈独秀致胡适信札，书于一九二一年九月五日，所谈为寄送《新青年》至胡适处及推荐胡适任安徽省教育厅厅长之事。此时胡适已脱离《新青年》编辑部，他与陈独秀二人政见不同，立场各异，互相批评之文屡见报端，然而二人彼此敬重，私交深厚，此信可见一斑。

十一、陈独秀致胡适信札　民国间手稿本　一通四页纸本

提要： 此信为陈独秀致胡适信札，书于一九二五年二月五日，谈及胡适参加“善后会议”及传闻胡适办报之事。一九二五年，胡适参加段祺瑞政府的“善后会议”，被讥为军阀分赃的帮凶，北大一院的厕所墙壁上甚至有学生的咒骂，言其“卖身于段贼”“拥戴段祺瑞为父”。陈独秀却在胡适备受指责之时致信支持，称“兄毅然出席善后会议去尝试一下，社会上颇有人反对，弟却以兄出席为然”，并叮嘱“兄在此会议席上，必须卓然自立，不至失去中国近代大著作家胡适的身份才好”。信中提及传闻胡适欲与章士钊（行严）合办报纸，效力政府。陈独秀极为反对，言辞激昂。

十二、陈独秀致胡适信札　民国间手稿本　一通五页纸本

提要： 此为陈独秀致胡适信札，书于一九二五年二月二十三日，所谈为胡适参加“善后会议”及传闻胡适办报之事。信中为“前函措辞冒昧”致歉，提醒胡适“在（善后）会议中总要有几次为国家为人民说话，无论可能与否，得要尝试一下”。外间传闻胡适与章士钊等人同为政府办报，陈独秀得知为误传，“既无此事，我们真喜不可言”。《申报》《新闻报》《北京通信》讥胡适为段祺瑞的留声机，列在准安福系，陈独秀直言“我们固然不能相信这是事实，然而适之兄！你的老朋友见了此等新闻，怎不难受！”

十三、陈独秀致胡适信札　民国间手稿本　一通一页纸本

提要： 此为陈独秀致胡适书札，书于一九三二年十月十日，谈

及为李季谋款及陈独秀出版《拼音文字》之事。一九三二年，陈独秀被共产党开除党籍，旋即被国民党逮捕，此时尚在狱中，适逢胡适从美国归来，固有“你回国，我不能去迎接你，只好以此函为代表”之语。信中请求二事，其一，陈独秀请胡适从商务或庚子赔款中设法筹资，为李季翻译《资本论》解决生活费，并称李季“英德文和马氏经济学知识以及任事顶真，在现时的中国能胜任此工作者，无出其右”；其二，请胡适敦促商务印书馆早日出版陈独秀的书稿《拼音文字》。然而商务印书馆碍于政治原因无法出版他的《拼音文字》。胡适遂与赵元任私下里筹集了一千元，当作出版稿费送给陈独秀，供他生活之需。

《梁启超致胡适书札》

一、梁启超致胡适词稿　民国间手稿本　一通一页纸本

提要：梁启超晚年致力词学评论，并兼有填词之作，是为梁启超致胡适词稿，内有《相见欢》小令一阕，并修改前函《西江月》字句，手书极精，对于晚年梁启超的词学思想研究，极具资料价值。

二、梁启超致胡适词稿　民国间手稿本　一通三页纸本

提要：此为梁启超致胡适词稿及书信一通，内填《好事近》《西江月》二阕，又修改前函《相见欢》字句。

三、梁启超致胡适词稿　民国间手稿本　一通三页纸本

提要：此为梁启超致胡适词稿，内有赠汤济武之子《沁园春》一阕，并过录一遍。

四、梁启超致胡适词稿　民国间手稿本　一通五页纸本

提要：此为梁启超致胡适词稿，内有题宋石门罗汉画像小令四阕：《好事近》《西江月》《相见欢》《清平乐》，文辞雅致，手书极精。

五、梁启超致胡适信札　民国间手稿本　一通一页纸本

提要：此为梁启超致胡适信札一通一页。所谈为学术著作交流讨论之事。

六、梁启超致胡适信札　民国间手稿本　一通一页纸本

提要：此为梁启超致胡适信札，谈及罢课中著书及《佛教史前稿》之事。

七、梁启超致胡适信札　民国间手稿本　一通一页纸本

提要：此为梁启超致胡适信札，谈及《西游记考证》，并有考证孙行者悟空为“义净同时代人，留学印度最久”之语。

八、梁启超致胡适信札　民国间手稿本　一通四页纸本

提要：此为梁启超致胡适之信札，内中谈及二人对今文学运动之记述、中国哲学史纲以及通论清代学术文稿等赠予往来，可知二人学术交流之密切。

九、梁启超致胡适信札　民国间手稿本　一通三页纸本

提要：此为梁启超致胡适之信札，所谈为金和著《秋蟪吟馆

诗钞》，对其各种诗体皆能自辟蹊径做出评价，并谈及水浒考证等学术之事。

十、梁启超致胡适信札　民国间手稿本　一通四页纸本

提要：此为梁启超致胡适书札，内中提及梁启超受国家图书馆之托，编纂《中国图书大辞典》，并请胡适对文稿加以审查之事。所谈甚详，书写极精。

十一、梁启超致胡适信札　民国间手稿本　一通八页附封一枚纸本

提要：内为梁启超致胡适书札，探讨《汉代哲学史》《论白话诗》及胡适著《哲学史之批评》等学术文章，并讨论在清华大学讲先秦哲学时的讲稿提纲。所谈内容甚详，极具学术史料价值。

《徐志摩致胡适信札》

一、徐志摩致胡适信札　民国间手稿本　一页一通附封一枚纸本

提要：内收徐志摩致胡适信札，相约会晤，言辞间颇为亲厚。信中提及“老金丽琳”即金岳霖及丽琳（Lilian Tailor）。金岳霖（一八九五年至一九八四年），字龙荪，浙江诸暨人，近代著名的哲学家和逻辑学家。丽琳为金岳霖女友，与徐志摩“八宝箱之谜”颇有关系。

二、徐志摩致胡适信札　民国间手稿本　一通一页纸本

提要：内收徐志摩致胡适信札一通。

三、徐志摩致胡适信札　民国间手稿本　一通七页纸本

提要：此件为徐志摩致胡适信札，以“国立中央研究院用笺”所书，长达七页。此信中谈及《诗刊》第一期出版问题，以及陈梦家、方玮德等事，知此信当书于一九三一年。并谈及南北学界事，若蒋梦麟被“二老”赶跑，以及上海一班文人吃酸，攻击徐志摩等事，颇多轶闻，极有参考价值。

藏书集序

过眼烟云

——顾氏过云楼现藏古籍善本精品图录序言

元和顾氏过云楼，自清道光以降，垂之已逾六代百五十年矣！

过云楼收藏之富，甲于吴中，此世人皆知也。然世人多稔熟者，过云楼收藏之书画耳，其收藏之古籍善本，则鲜有知者。皆因过云楼贮书昔年密藏而不轻示人，宛如云遮烟障半山麓，壑底行人难以仰观庐峰真面目。且近百年间过云楼两代主人，韬光养身，回避时事。如第三代过云楼主顾鹤逸（一八六五年至一九三〇年），性如立鹤，傲而不群，心静止若潭水，潜心学问与绘画，引以为朋辈者无过十数人，学问文字之交如朱疆村、傅沅叔、吴昌绶、章一山；鉴赏同好如曹元忠、费念慈、李嘉福、周星诒、庞莱臣；画友如任预、吴昌硕、陆恢等人，除此牖外人事，概不闻听。据称，鹤逸先生穷毕生于家藏的书山画海，以至于经年不出过云楼门槛，更可骇者有十几年未迈出家门！如此出过云楼者难，入过云楼欲观其藏书者更难，出入两难，外人何以知耶？

过云楼藏书源流起自何时，已不可考。然清道光间顾文彬（一八一一年至一八八九年）尚在为官任所，致其子顾承信中有言：所藏书画、金石、图籍，悉以归之。此言可证百五十年前过云楼草创之际已有图籍收藏。今观其大略，过云楼古籍扩充集成，当在清光绪末到民国初年，时主事者为顾鹤逸。顾氏收藏之书，多得于吴中藏书旧家也。吴中之旧存多为宋元古刻，名家抄校，此过云楼藏书之基础。今据顾氏现存书中收藏印鉴考索，寻踪觅迹，可辄见大宗数家，若吴平斋、潘志万、沈树镛、刘履芬、史蓉庄等。以其数量度之，此数家之旧藏当为顾氏整批接收，纳入过云楼庋藏。气腾成云，物化为烟，吴中藏书聚聚散散，包孕造化出一代过云楼。

过云楼的藏书数量，包括碑帖，在十九世纪三十年代之前，不为世人所知。三十年代傅沅叔先生在《北平图书馆馆刊》上发表《顾鹤逸藏书目》，过云楼藏书方大白于天下。傅氏目录记有五百三十九种。其中宋元类旧斩五十种；精写旧抄本一百六十五种；明刻本一百四十九种；国朝精刻本一百七十五种。另根据六十年代“文化大革命”期间的抄家目录，其中古籍善本，总计有八百余种，包含碑帖、印谱之类。故傅沅叔先生收藏的顾氏藏书目，乃顾氏过云楼雕版藏书之大概也，依现存的顾氏过云楼藏书核之，大抵皆见于傅先生收藏的顾氏藏书目，可得此论印证。

过云楼的藏书有两个特点，一是继承了吴中藏书家的传统，注重宋元古刻，若宋刻本《锦绣万花谷》前集，四十册，海内孤本；若宋刻递修本《龙川略志》，傅沅叔先生就是借顾氏所藏此本校《百川学海》等，并据此本仿宋影刻，为藏书家所重；元刻本《续名臣碑传琬琰集》，海内孤本；宋刻本《胡曾咏史诗》，黄丕烈旧藏，世之孤本，此等皆传世名斩。另一是注重名人抄校稿本，此端系吴中鉴赏派藏书家的遗风，若毛氏汲古阁抄本《说文解字五音韵谱》；惠定宇抄校翁覃溪阮元校本《易前凿度》；居节手抄毛晋藏本《吴中旧事》；鲍廷博精校《竹素山房集》等，亦

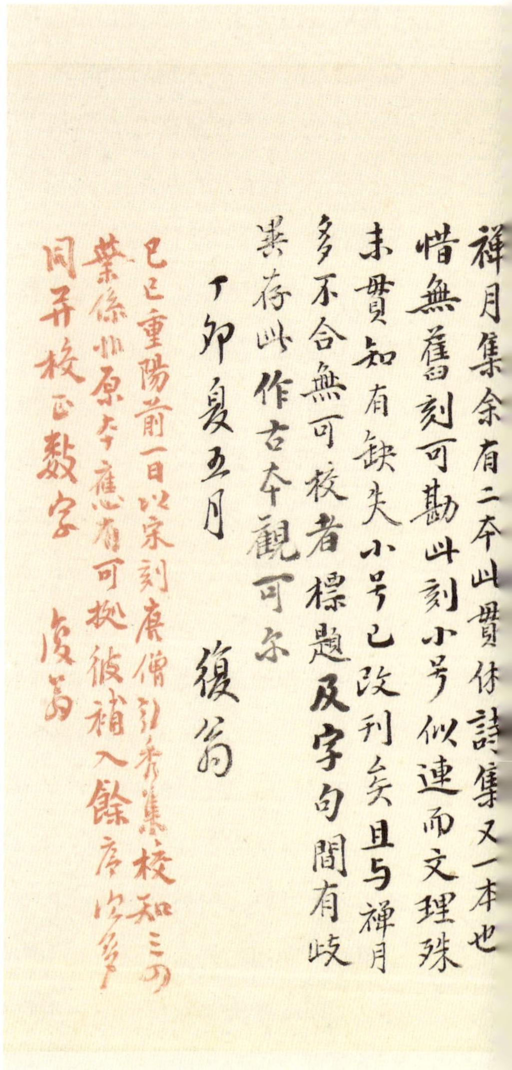
禅月集余有二本此贯休詩集又一本也
惜無舊刻可勘此刻小号似連而文理殊
未贯知有缺失小号已改刊矣且与禅月
多不合無可校者標題及字句間有歧
異存此作古本觀可尔
丁卯夏五月 復翁
己巳重陽前一日以宋刻唐僧弘秀集校知三刻
葉係此原本應有可據彼補入餘唐詩多
同并校正數字 復翁

《贯休诗集》，黄丕烈题跋

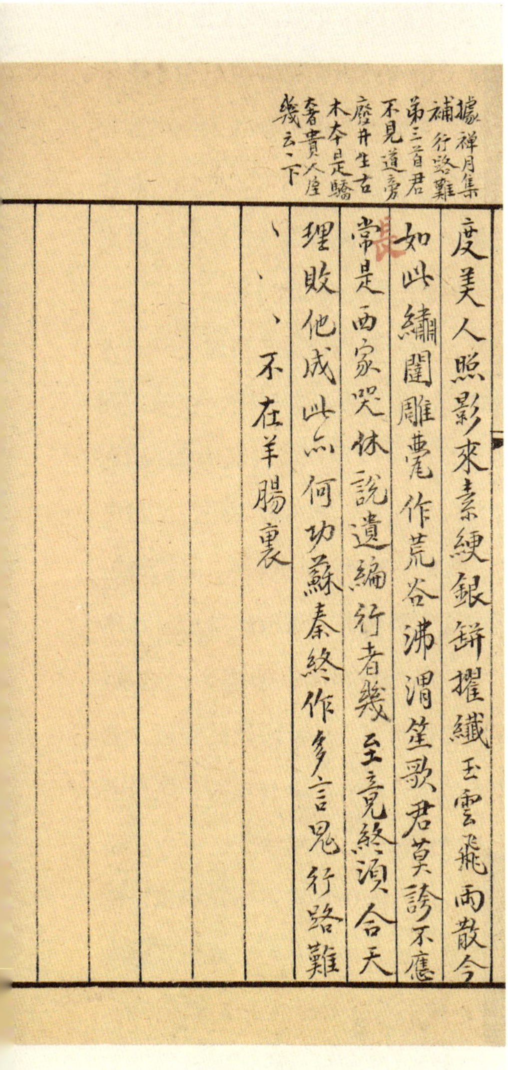

據禪月集補行路難第三首君不見道旁廢井生古木本是驕奢貴人宅幾云、下

度美人照影來素綆銀餅擢纖玉雲飛雨散今
如此繡闥雕甍作荒谷沸渭笙歌君莫誇不應
常是西家哭休說遺編行者幾至竟終須合天
理敗他成此亦何功蘇秦終作多言鬼行路難
、、、不在羊腸裏

是藏家久闻名品。以此度之，顾氏过云楼藏书数量不可言多，而质量非寻常藏书家可与比肩。

过云楼藏书整理研究不比书画，顾氏曾经将收藏的书画前后编撰出版过《过云楼书画记》《过云楼书画续记》，而藏书未曾编撰出版过目录，况且知过云楼藏书者甚少，而一睹过云楼藏书者寥寥，更无谈研究整理。唯民国间傅沅叔先生《顾鹤逸藏书目》发表之后，世人才知晓顾氏过云楼藏书的概况。傅沅叔先生与顾鹤逸视为同侪，民国壬子年（一九一二年）傅沅叔先生登过云楼，观其藏书，所记散见于《藏园群书经眼录》、藏园订补《邵亭知见传本目录》。此后过云楼藏书声名再度沉沦，越四十年后，“文化大革命”事起，顾氏过云楼藏书被抄，其藏书进入苏州文物管理机构。七十年代谢先生国桢下江南观书，于苏州文物管理机构看到了一小部分顾氏过云楼藏书，所见记录在《江浙访书记》一书中。之后，有江澄波先生也在此看过部分过云楼藏书，记录在所著《古刻名抄经眼录》中。一个世纪以来，知见过云楼藏书者大致如此。

顾氏过云楼藏书传承百五十年至今，数历惊险，实属不易。先是清末民初，日本著名研究中国古籍版本的专家岛田翰，束陆氏皕宋楼藏书，远渡东瀛，遭国人嫉恨，并著《皕宋楼源流考》，历述中国清代末期藏书家，归为“四大”“九小”。岛田翰大作行文虽未涉及顾氏过云楼，然并非不知晓。事实上岛田翰非但登顾氏过云楼，而且假书过云楼，甚至还欲与商购过云楼藏书。岛田翰身后有日本大经济财阀支撑，犹下山饿虎，眈眈于过云楼藏书。此等危悬之事，今日重观，仍如腋挟冰，虽裹裘犹觉背寒也。过云楼处此险境，周旋其间而未蹈皕宋楼覆辙，顾氏之功也。之后，丁丑军兴，顾氏老宅中日本飞机炸弹，而藏书赖家人竭力保全，免罹涵芬之厄。江南沦陷之际，过云楼主人为避战火，被迫出苏州暂居郊外光华镇，藏书也随后泊至。未几日军兵至香雪海，过云楼主人无法效仿邓尉安然隐居于此，再次举家避难到上海，藏书八百余部也陆续携往沪上。直至一九四五年光复，过云楼主人历经八载种种艰险，辗转数地几百里，藏书安卧无恙运回苏州，岂有神物护持哉！是可谓民国版的

“虹月归来”悲壮图。此顾氏过云楼功之再也。新中国成立之后，过云楼主人顾公硕效尤父辈，隐而不宣，藏书经外、内战十余年变乱，鲜有知过云楼藏书下落与详情者。及至“文化大革命”十年浩劫，顾氏过云楼被查抄之际，所幸藏书经版本专家沈先生燮元等之手登录，为苏州当地文物部门接收，妥为保管，未失未散。七十年代末经胡公耀邦指示，将过云楼藏书发还顾氏后人。天赐高人襄助，顾氏过云楼经此劫难，而藏书完璧犹存。有故人称，过云楼藏书在大江以南时无过其久者，量无逾其数者，推为江南第一，斯诚笃论。

顾氏过云楼藏书，历六代百五十年，今已因人而散。其中四分之三已经转归江苏南京图书馆收藏，只此四分之一，百有七十余种尚留民间。创建过云楼时，顾文彬曾有言云：过云楼志在必传。然恒古以来，收藏之事，如星移斗转在天理，聚散无常有人文，此千古一辙，不独过云楼例外者。追慕昔日过云楼收藏之煌煌大观，恍若过眼云烟，曷胜慨叹。于顾氏过云楼保护中国文化典籍之功，心存感念，拮英将其中部分精品汇编图录，以为镌石铭记。

《陈寅恪牓书序》

修水（江西）陈氏寅恪（一八九〇年至一九六九年），出身清末世家。祖父陈宝箴，为一代戊戌维新中坚；父陈散原，乃一代诗家，皆闻名之忧国忧民仁人志士也。寅恪先生自幼承家教，以惊世天分熟读经史诗文，及长游学东西，先后就读于日本、德国、瑞士、法国、美国名校，遂成一世学贯中西的学术大师。

一九二五年，寅恪先生回国，先后受聘清华学校研究院导师、中央研究院理事、历史语言研究所研究员兼第一组主任、故宫博物院理事、中央研究院院士、英国皇家学会通讯院士、岭南大学教授、中山大学教授等职。寅恪先生以《隋唐制度渊源略论稿》《唐代政治史述论稿》奠定隋唐史研究之基。后以盲笔著《论再生缘》《柳如是别传》，广征博引，考证入微，天地鬼神为之惊泣。寅恪先生之博学，于敦煌学、佛教、诗歌，以及中亚语言、历史、宗教等学科，强记精研，多有建树，令后辈莫再侈谈国学矣。

寅恪先生一生著述虽不可言等身，然融东西方研究方法“缜密到神奇的程度”，且熟用十数种文字史料，“不说空话，无征不信”（以上引季羡林先生语），所论每有发见。故寅恪先生穷毕生于学问，身后无丰功伟绩可供后人膜拜，仅有著述为研究者研读。

世人读寅恪先生出版著作，难知创作过程，唯文稿涂抹删改可见也。且寅恪先生治学谨严，文章有一再修改补订之习。故寅恪先生在世之时即看重文稿收存，然寅恪先生文稿散失甚多，有如蒋天枢先生所借寅恪先生书稿，“九一八”事变时，为盗窃去。无独有偶，一九四二年太平洋战争爆发后，寅恪先生假道越南，书稿又为越人盗去。盗窃财宝者谓之蟊贼，而中外盗书稿者皆有之，谓之何也，兹事殊不可解。今寅恪先生现存文稿，流传无多，向为海内外学者藏者所重。今除个别机构单位有存外，外人鲜有一见者。

此次南国征集，得寅恪先生文稿等百余件，无过寅恪先生著述文字十之一二，可谓賸稿。且寅恪先生有一稿多抄之习惯，冒昧合并重复，厘为百份，另有寅恪先生藏书若干，概览如下：

一、寅恪先生三四十年代亲笔手稿

寅恪先生此类手稿，多系三四十年代，用清华学校稿纸起草，搜集资料，如《高鸿中明清和议条陈残本跋》《阙特勤碑》等。

二、寅恪先生五六十年代由黄萱先生代笔文稿

自四十年代末，寅恪先生以眼疾瞑写，由黄萱先生秉笔，草先

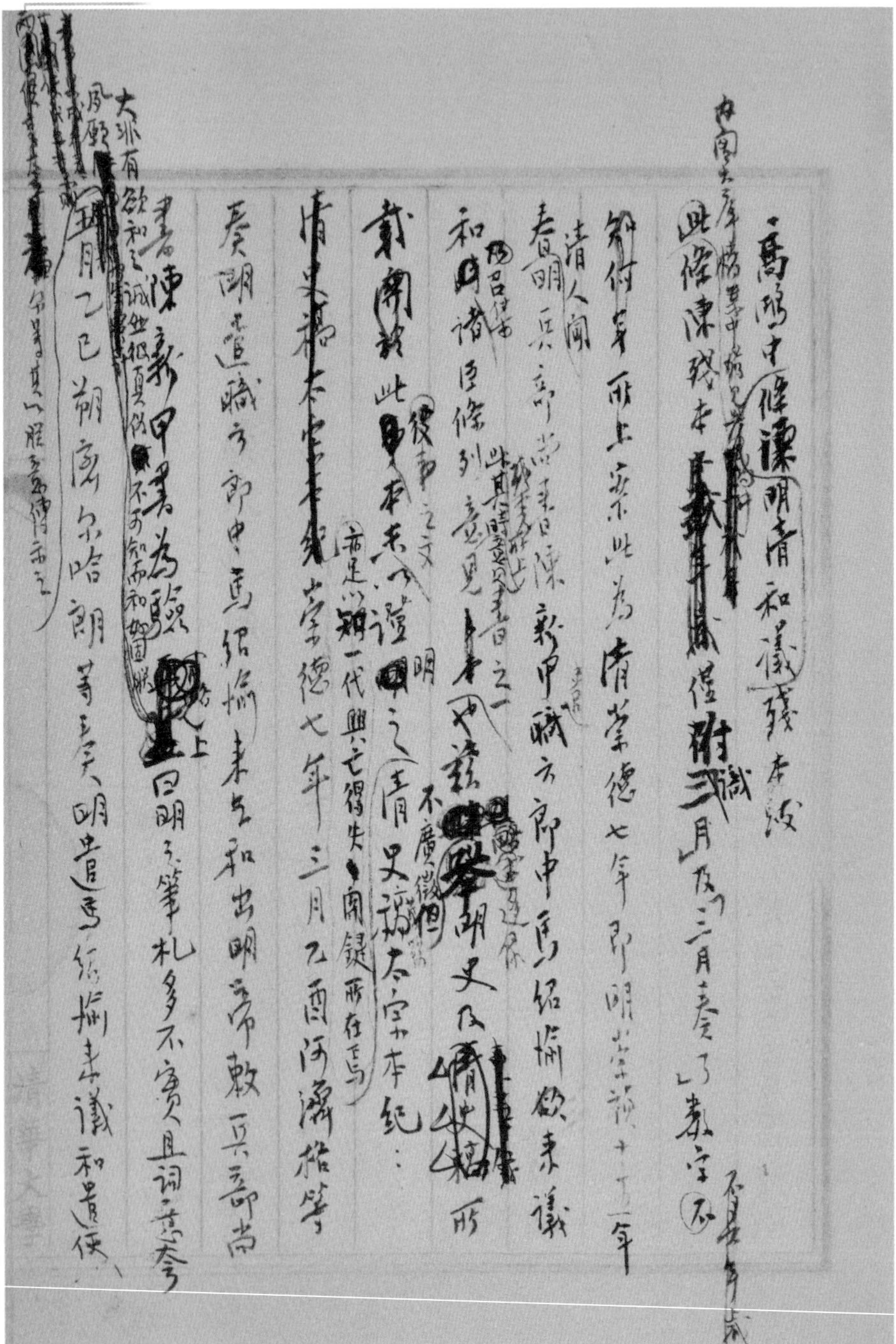

《陈寅恪賸书序》

生文稿，包括《论再生缘校补记》。其中《柳如是别传笔记》一册，未见发表，对于研究寅恪先生晚年巨著《柳如是别传》写作过程，具有重要参考价值。

三、寅恪先生《寒柳堂集》《金明馆论丛初编、二编》文稿

寅恪先生于二十世纪六十年代中开始汇集著述，编纂文集。在黄萱先生执笔下，重新誊抄校对，修订删补。此处保留有文稿《徐高阮重刊洛阳伽蓝记序》《论李栖筠自赵徙卫事》《天师道与海滨地域之关系》等，约为寅恪先生文集太半。其中尚有未入寅恪先生文集的重要文稿，如《王静安先生挽词及序》等。

四、寅恪先生五六十年代教学讲义

《两晋南北朝史资料》等。

五、寅恪先生批校书籍

寅恪先生批校书籍，以三联书店蒋天枢先生《陈寅恪先生读书札记弁言》所言，只存十八部，是言不全。此次所得有《大唐创业起居注》，未见《陈寅恪集》著录。此书寅恪先生通批，洋洋千数言，又见寅恪先生唐史研究功底。

六、寅恪先生藏书

寅恪藏书所得无多，多为用书而已，唯见明代刻本《陶靖节先生诗集》。另有一九六四年上海图书馆潘景郑先生亲笔抄赠寅恪先生《有学集补》，此书钱谦益撰，民国初年常熟丁均衡辑，仅见抄本，世所罕见，九十年代末此集收入上海古籍出版社《钱谦益集》。

寅恪先生文稿命运多劫，散失甚多。季羡林先生曾在文章中慨叹寅恪先生文稿“先后毁失，为之奈何！”此处所见賸稿，均为一九六四年寅恪先生委托学生蒋天枢先生保存者。寅恪先生曾赋诗云“拟就罪言盈百万，藏山付托不须辞”，即指蒋先生保存的这部分文稿。故今日君于此所览，可谓眼福至幸。

寅恪先生秉家传遗风，品格独立而高洁，同侪学者闻声汗颜。先生倡以“士之读书治学，盖将以脱心志于俗谛之桎梏，真理因得以发扬”，此吁回荡寰宇，士人共仰。而寅恪先生于《清华大学王观堂先生纪念碑铭》一阕“独立之精神，自由之思想”高腔，不独为观堂先生碑铭所隽永，更为先生所三朝苦苦笃行，能和高曲者寡矣。倘言观堂先生以死维护精神思想，而寅恪先生以毕生践行独立自由，一时易而一世者更难，先生傲骨咯咯可断钢铁，后人愧佩之至。是固寅恪先生文章可商可论，而文稿乃精神凝聚人格所系，恒同天壤。

《陈澄中藏书图录》编纂缘起

十几年前，余初闻“南陈北周”一词，不甚解其含义之重。直至一九九一年北京图书馆为纪念周叔波先生诞辰百周年举办藏书纪念展，观藏书，读冀淑英先生之展览序言，令人对北周藏书之宏富，爱书之忘身而感动，至今仍不忘怀。时至一九九二年，上海古籍出版社整理出版蜀刻唐人集，余承应其权载之等二种书后跋，始得南陈郇斋清华先生藏书之故事梗概及其藏书之印象。及至一九九五年秋，余征得郇斋旧藏之宋周必大刻《文苑英华》，黄跋《铁崖先生古乐府》，于藏书界震动。自是后，苦觅陈清华先生音讯几达十年之久。

二〇〇四年之春，余终如愿，将郇斋遗留在大洋彼岸的藏书，包括宋版《周礼》等二十三种带回祖国。中国国家图书馆以完成总理周公恩来之未竟事业，得国家财政部、国家文物局之鼎力襄助，遂一举持归国家图书馆庋藏，是为近年来国家政府保护民族文化遗产的幸事、盛事。

然余曩在美国旧金山与陈清华之子国琅先生交谈中曾言及八十年代徐先生伯郊曾索走资料若干。应允编纂郇斋藏书目录事，而今徐伯郊先生已作古人，而资料亦不知所归。言及此，国琅先生终觉对先父一生收藏，未作交待而愧疚唏嘘。余亦感终如此一代大藏书家，无声无息地自生自灭，余心不安，不平。遂血涌而胆壮，向国琅先生奋一时之勇而自荐，编写郇斋藏书目，并约定在完成国琅先生保存郇斋藏书之后，启动此项目。

二〇〇五年春之始，余承使命，在中国嘉德国际拍卖有限公司王雁南总经理、寇勤副总经理的支持下，往返中国国家图书馆、上海图书馆，得国家图书馆副馆长陈力先生，上海图书馆历史文献中心主任周玉琴女士、副主任陈先行先生支持，并终达成中国国家图书馆、上海图书馆、中国嘉德国际拍卖有限公司合编图录协议，并有幸请得上海图书馆研究员陈先行先生（新任国家文物鉴定委员会委员），国家图书馆善本特藏部主任张志清副研究员、副主任陈红彦副研究员、赵前副研究员、金石组组长冀亚平副研究员等秉笔主修文字，并承前辈冀淑英先生家属、丁瑜先生、李致忠先生等概允将其有关郇斋藏书论文录入本书，以壮郇斋藏书声威。余以不才，遂合众力，得陈先行等诸公之辛苦，始得于数月之时，而毕成以郇斋藏书图录之功，于此一并再表深谢之意。

初余仅知国图所存陈澄中先生藏书无过百余种，然得知陈先生曾捐上海图书馆之五百余种，共六百余种之多，而留上海者，分量亦重，一、二级文物者几近八十种。编成此巨制，再回眸观此郇斋藏书图录，宋本三十五部、元本十八部、黄丕烈跋本六部、毛氏汲古阁抄校本十二部、劳氏丹铅精舍抄本五部、鲍廷博抄校本二部、明季铜活字印本二部、明季名家抄本二十七部，而其皆为精善罕秘者，不可计矣。知如此善书，可称钜富。观此图录者，颇感壮观。如此之感受到南陈郇斋藏书之重，以六十年前之情形度之，其之精善，谓之可以敌国，是不为过。故时人称“南陈北周”断非虚言耳。吾敢妄言，后世私家藏书者，将无逾此者。

值此郇斋藏书图录出版之时，余承诸公襄助，以绵薄之力，履成前约，犹释重负，同时仰望昊昊天际，再告陈清华先生冥中之灵，以上图录奉上，愿不枉先生一生藏之功业。

《寒斋苦茶序》

本不欲写此序，然读完这批知堂先生遗存，部分是二十世纪三十年代中期友朋诗书往来，部分是六十年代与香港鲍君书信，不禁生出几多感慨来，如鲠在喉，不吐不快，索性书写出来共赏。

我不知道一九三五年胡适先生给知堂的新年诗，是真心，还是打诨，“羡煞知堂老，关门尚学仙”。可是我知道一九三六年知堂先生出版的散文集《苦茶随笔》，还是用大清遗老的口吻，谈说所谓“新党”“民党”，包括国民党、共产党。知堂先生崇尚的自由主义文风中，暗含着一种政治倾向，这种倾向与一九三七年以后华北伪政府“华北政务委员会”的大清、北洋遗老是一致的，因此也才有了那段不清白的合作经历。所以，知堂“仍旧不觉得文字与世道人心有什么关系”（《夜读抄后记》），这种文化取向，并不是说知堂先生没有政治态度。知堂不是食古不化的仙。

我也不知道沈兼士先生为何和知堂的“且到寒斋吃苦茶”（周作人《五十自寿诗》），吟出“苦茶由来即苦茶”的句子来（沈兼士《和启明打油诗韵自嘲》）。可是读罢了知堂先生与鲍耀明先生的《通信集》，我才知道了这“寒斋吃苦茶”一词，原来典出日本，是夏目漱石作品《猫》中的诗句（一九六五年十二月八日知堂致鲍耀明信）。这是知堂先生的日本情结所在。知堂先生“对于日本常感到故乡似的怀念”（《日本管窥》），也就有了一九三七年以后知堂与日本侵略者的那段遭到审判的合作。这可不是超然地探讨中日国民性的理论问题了。

二十世纪三十年代中期，华北危机之后的中国，已经面临着生死存亡的民族危机，酝酿着国共的第二次合作，而知堂先生的仍在清谈，现在看来是多么地不合时宜，简直可称犯浑。正是这种“浑”，令知堂先生自此之后的一切，都陷入了备受屈辱和折磨的没有尊严、没有人格的生活状态。如此看来，胡适先生的诗就是对知堂的讽刺，沈兼士先生的诗就是知堂的宿命。

这是一杯从三十年代就泡上的苦茶，知堂先生将要用他此后的余生（一九四五年至一九六七年），在他的“知悔斋”里，独自去慢慢地品尝它的苦涩了。这就是我读完这本小书之后的全部沉重、压抑的感觉。

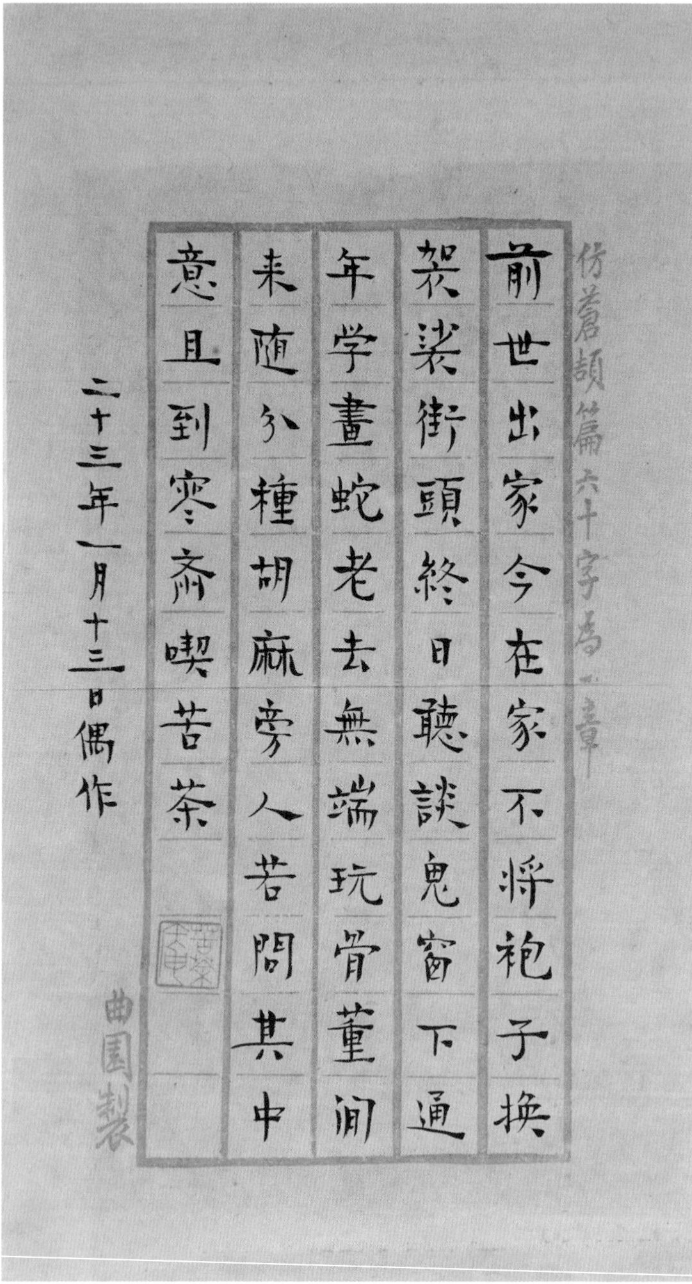

仿蒼頡篇六十字為一章

前世出家今在家不將袍子換
袈裟街頭終日聽談鬼窗下通
年學畫蛇老去無端玩骨董閒
来隨分種胡麻旁人若問其中
意且到寒齋喫苦茶

二十三年一月十三日偶作

曲園製

《寒斋苦茶序》

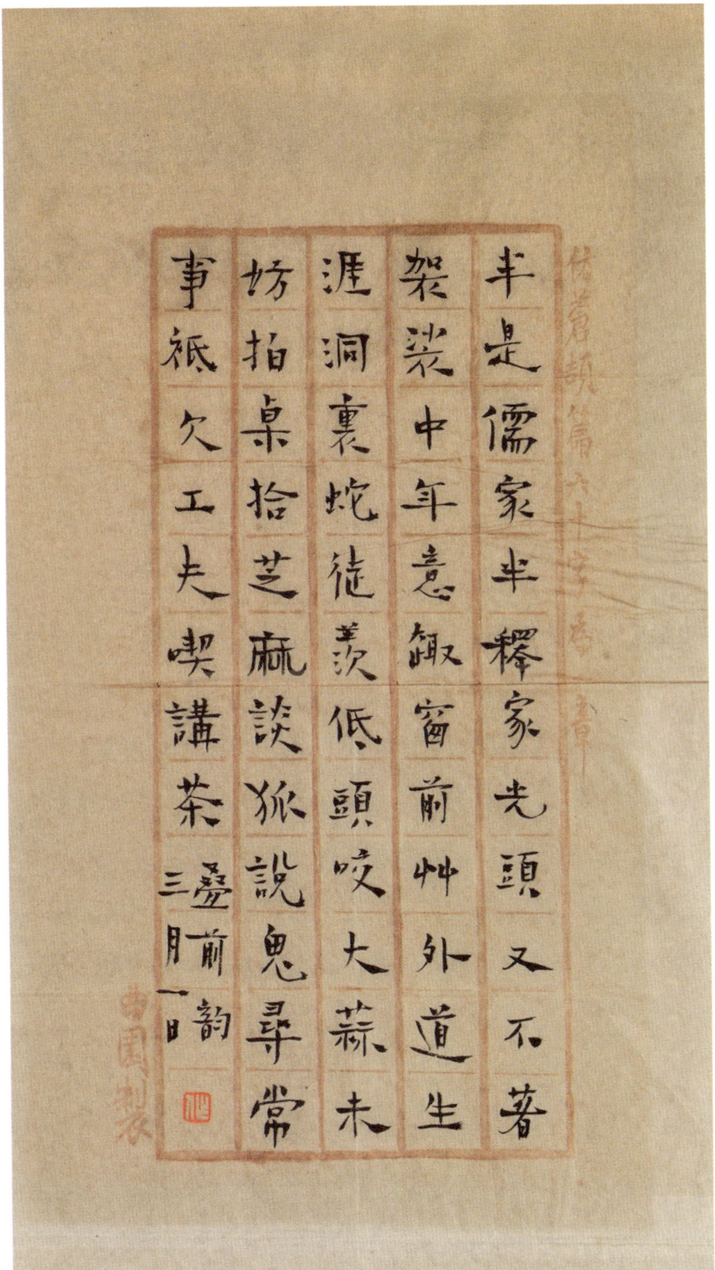
半是儒家半釋家光頭又不著
袈裟中年意趣窗前艸外道生
涯洞裏蛇徒羨低頭咬大蒜未
妨拍桌拾芝麻談狐說鬼尋常
事衹欠工夫喫講茶
疊前韻
三月一日

《寒斋苦茶序》

知堂先生《日本近三十年小说之发达》序

知堂先生撰写文章，无论是学术论说，还是抒情散文，都达到了一个令同侪难以企及的高峰。摆在我们面前的知堂先生文稿《日本近三十年小说之发达》，就是一个典型的知堂写作文章的例证。

这篇文章原是一九一八年五月知堂先生在北京大学研究所的讲演稿，之后经过整理而成。从文稿末端的落款文字可知，是在同年五月三十日抄就。于同年七月发表在《新青年》第五卷第一号。这篇文章之所以是知堂先生撰写文章的典型，条析开来，大致有两个层面。

一是文字的语言风格。这篇文章的文字风格一如家常白话，文字平淡、似行云流水，读来自然如风。这正是先生文章令世人叹服的一贯文字风格和语言特点。而这篇文章的底子，本身就是讲演，所以惯常的风格和特点就更为突出。彰显出先生空灵清雅的精神境界。

另一个层面是知识功力。记得先生有一篇文章，大意是叙说先生写文章的方法，构思主题之后起笔，从不打草稿，只是随着思想慢慢写下去，一气呵成，文章书写完成后，只作个别文字修改而已。因此知堂这篇文章，一如其他，只此一稿，令人敬慕先生的深邃思想和中外文学功底。

在这篇文章中，知堂先生借日本近三十年小说之发展的经历，尖锐批评了国人不“服善”学习（模仿）西方的弊病，至今仍值得我们去思考。至于这些观点正误和影响，就留待文史学家们去评价吧。

这篇文稿非同一般之处，在于文字的修改，大多出于鲁迅手笔。仔细审查文字改动，斟酌琢磨，或是简练，或是补充，或是深刻，确实有点睛的意味。当然文中也有“报私怨的家伙”之类，带有鲁迅尖刻标志的修改文字，似乎与知堂先生的情调风格不类。然而从诸多毫不客气的文字修改中，不仅可见鲁迅先生的学术思想水准，也可以看到周氏兄弟当时的砥砺情谊。

读知堂先生文稿，俨然独坐空山静观涓流，而心曲轻抒。真是涓流有声，声现涓流。没有更多的掌故，没有四六的拘束，不温不火，不缓不急，不咆不哮，直若先生坐在身边，慢条斯理地言语，只需静静地领略先生的思想，可称是难得的享受了。

这篇文稿，是唐弢先生的旧藏。由于单篇书影，很难反映这篇文章的修改经过和细节，所以全文出版，供喜好者同飨。并借此以为纪念和感谢。

來日本就是个榜樣。照上文所說，中國現時小說情形，仿佛明治十七八年時的樣子；所以目下切要辦法，也便是提倡研究翻譯外國著作；但其先又須說明小說的意義，方纔免得悞會，被一般人拉去歸入子部襍家，或併入精忠岳傳一類閒書。……總而言之，中國要新小說發達，須得從頭做起；目下所缺第一部切要的書，就是講小說是什麼東西的一部小說神髓。

此稿經過魯迅修改、文中添注塗改的字都是他的手筆。也有几个例外

七、五、三〇抄

《日本近三十年小说之发达》

日本近三十年小說之發達

周作人

七年五月在北大研究所講演

我们平常對于日本文化，大抵先存一種意見，說他是「模仿」來的。西洋人也有這說，「日本文明是支那的女兒」。這話未始無因，卻不盡確當。日本的文化，大約可說是「模擬的獨創」，這名稱似乎費解；英國人Laurence Binyon著的亞細亞美術論中，有一節論日本美術的話，說得最好，可以抄來做个說明：——

「照一方面說，可以說日本凡事都從支那來；但照這樣說，也就可說西洋各國凡事都從猶太希臘羅馬樋口一葉是硯友社派的女小說家，二十五歲時死了。前後四年，作了十幾篇小說；前期的著作，受著硯友社的影響，也用那一流的寫實法，但是天分極高，所寫的女主人，多是自己化身，所以特別真摯。後期的著作，如爭長等，尤為完善，幾乎自成一家。他雖是硯友社派的人，他的小說，却是人生派的藝術。有人評他說，「一葉蓋代日本女子，以女子身之悲哀，訴諸世間，」狠是確當。但他又能將這悲哀用客觀態度，從容描寫，化為藝術，更是難及。高山樗牛極贊美他，說「觀察有靈，文字有神；天才至高，超絕一世。」又說，「其來何遲，其去何早。」一葉在明治文學史上，好像是一

北京大學講義稿　科　門　用

《日本近三十年小说之发达》

四　中日戰後，國民對于社會的問題，漸漸覺得切緊；硯友派的人，就發起一種觀念小說，彷彿同露伴的理想小說相類，表示著者對于這件事的觀念。描寫社會上矛盾衝突種種悲劇，却含有一个解決的方法，就是一種附有答案的問題小說。川上眉山的表裏，泉鏡花的夜行巡查，最有名。觀念小說，大抵是悲劇；再進一步，更求「深刻」，便變了悲慘小說，廣津柳浪的黑蜥蜴，今戶心中，就是這派的代表著作。悲慘小說內容，可分四類：——一，殘廢疾病；二，變態戀愛；三，娼妓生活；四，下層社會。硯友社的藝術派，終于漸漸的同人生接近，是極可注意的事。

文人情怀

——唐弢、梁思成、郑逸梅三家旧藏序

文人多有独立的思想，见解常异于人，故心灵深处是孤独和忧郁的。因而自古以来大凡中国的文人，不论雕龙雕虫者，都有一点喜欢舞文弄墨，或者鉴藏一点书画雅好，这是中国文人的精神后花园里的罂粟花，品评赏玩，聊以移情抒怀，即是所谓文人情怀者。这也就是中国文人身后，往往都会留下一些翰墨的原因。这里汇集了唐弢、梁思成、郑逸梅三位近世闻人遗留的残余笔墨文玩，虽谦称“锦灰”“弊帚”者，然吾辈切莫轻视之。

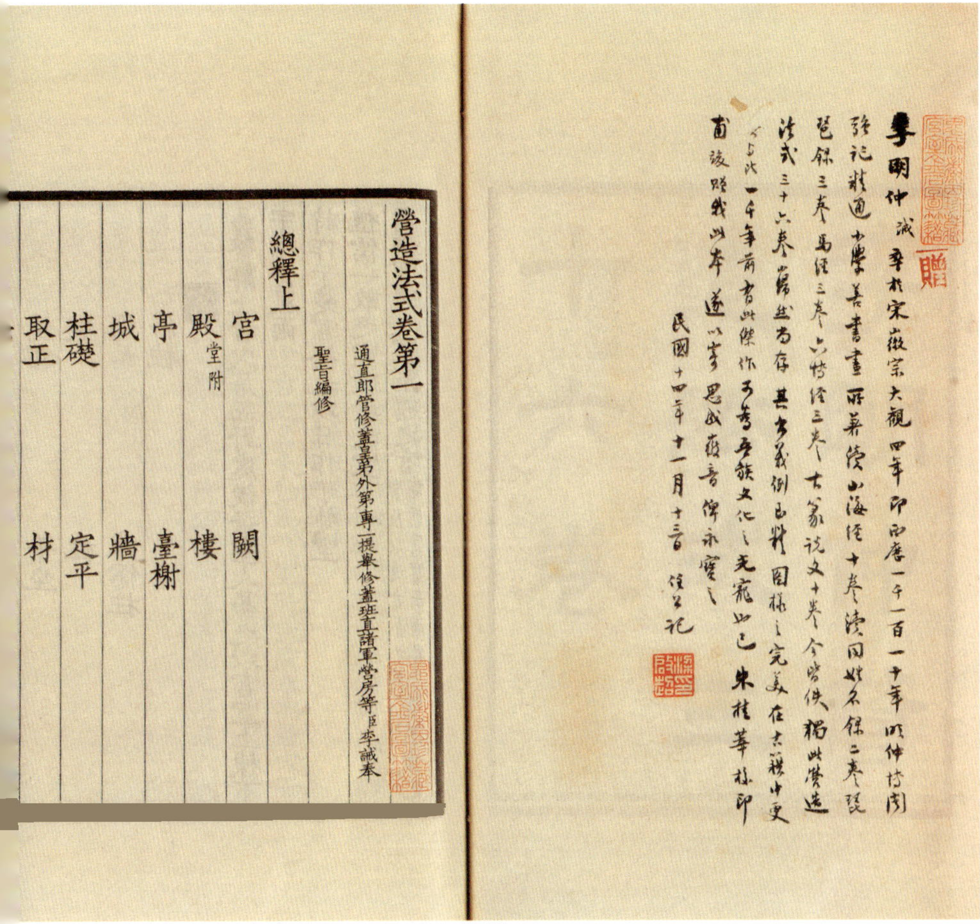

梁思成批注《营造法式》

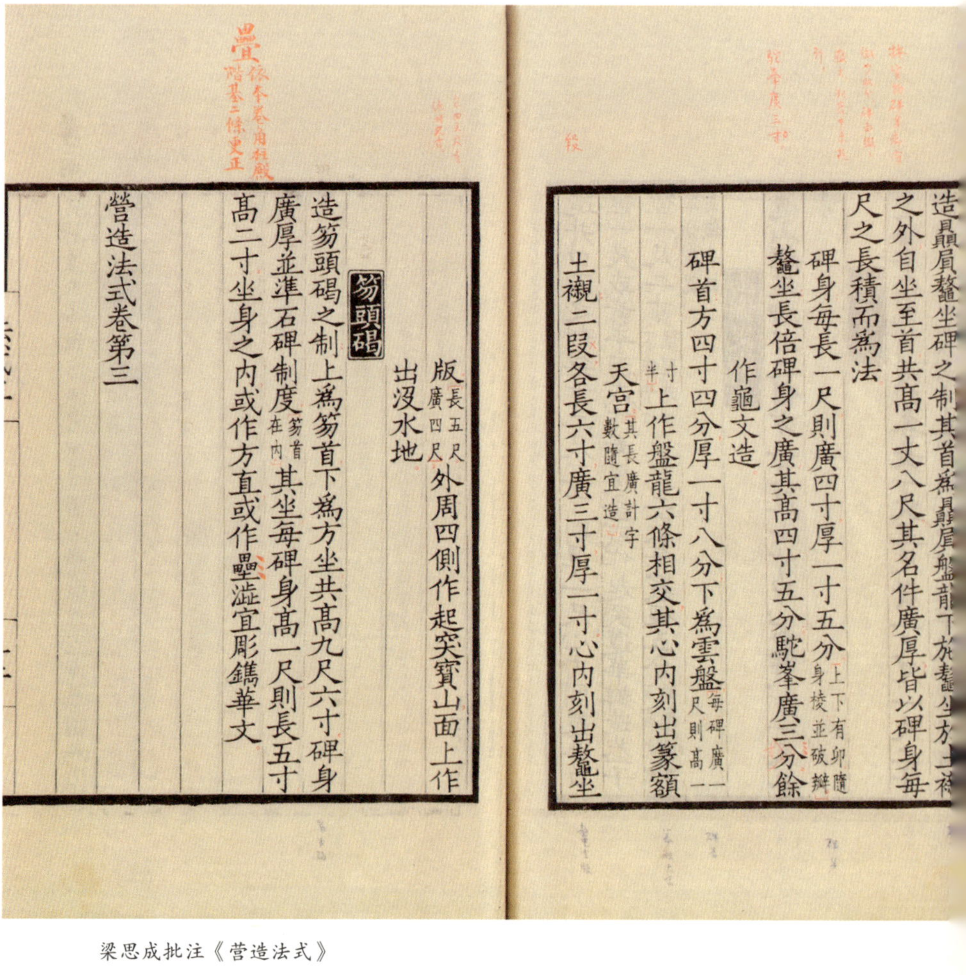
造贔屓鼇坐碑之制其首爲贔屓盤龍下施鼇坐於土襯
之外自坐至首共高一丈八尺其名件廣厚皆以碑身每
尺之長積而爲法
碑身每長一尺則廣四寸厚一寸五分上下有卯隨身棱並破瓣
鼇坐長倍碑身之廣其高四寸五分駝峯廣三分餘
作龜文造
碑首方四寸四分厚一寸八分下爲雲盤每碑廣一尺則高一寸半上作盤龍六條相交其心內刻出篆額
天宮其長廣計字數隨宜造
土襯二段各長六寸廣三寸厚一寸心內刻出鼇坐
版長五尺廣四尺外周四側作起突寶山面上作
出没水地

笏頭碣

造笏頭碣之制上爲笏首下爲方坐共高九尺六寸碑身
廣厚並準石碑制度笏首在內其坐每碑身高一尺則長五寸
高二寸坐身之內或作方直或作疊澁宜彫鐫華文

營造法式卷第三

梁思成批注《营造法式》

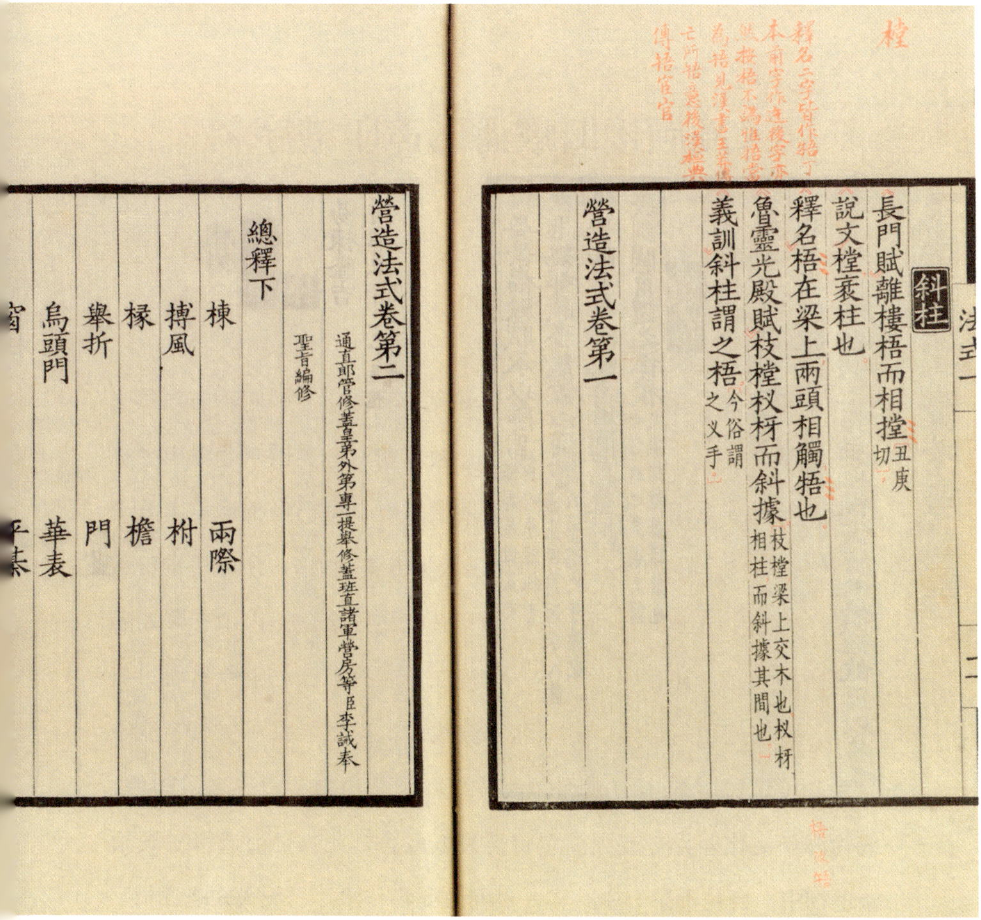

法式一

樘

釋名二字皆作牾……本前字作迕……然按梧不為……為梧見漢書王莽傳……亡所牾忌後漢……傳梧官官

斜柱

長門賦離樓梧而相撐丑庚切

說文樘衺柱也

釋名梧在梁上兩頭相觸牾也

魯靈光殿賦枝樘杈枒而斜據枝樘梁上交木也杈枒相柱而斜據其間也

義訓斜柱謂之梧今俗謂之叉手

營造法式卷第一

營造法式卷第二

通直郎管修蓋皇弟外第專一提舉修蓋班直諸軍營房等臣李誡奉

聖旨編修

總釋下

棟　兩際

搏風　柎

椽　檐

舉折　門

烏頭門　華表

窗　平棊

《颉颃楼旧藏潘飞声印谱序》

廿年海外寻觅中华文物遗珍，知见者有数。曾仲鸣、方君璧夫妇之颉颃楼收藏，可称一家。余于十数年前，赴美国东北深山老林之中，得见曾方氏后人。时颉颃楼旧藏重要书画已经捐赠美国波士顿博物馆（波士顿博物馆为其捐赠出版了专集画册），所藏贵重田黄印章之类数十方亦为行商购去，所见者已属残余。然内中有粤人潘飞声印鉴一箱，计有印百五方。检视在目者有浙派名家徐星周、黄宾虹、王福庵、高野侯；徽派名家黄牧甫；粤派名家邓尔疋等治印名手，可谓民国初年中国治印大荟萃，印面均为潘声飞名号印信。或为海外文化差异，或因商贾价值高低取舍，此物仍旧遗留在颉颃楼遗物中，自是不禁心中暗喜。然问及此物传承，已无人知晓详情。

潘飞声（一八五八年至一九三四年），字兰史，号剑士、心兰，别署老剑、剑道人、说剑词人、罗浮道士，斋名剪淞阁，室名崇兰精舍、禅定室等。祖籍福建，先祖于清乾隆年间迁居广东，遂落籍于粤省番禺。潘氏后成为广州十三行首富和岭南世家。兰史自幼承名师家学，诗文并茂。晚清应德人聘，执教柏林大学，教授中国文学。客居海外期间，游历西欧诸国，广结友人，深悉外国的文明及进步。著有《西海纪行卷》《天外归槎录》两卷等。回国后曾在香港主笔《华字日报》《实报》。长于诗词书画，善行书，画折枝花。与罗瘿公、曾刚甫、黄晦闻、黄公度、胡展堂并称为“近代岭南六大家”。清末定居沪上，加入南社，与诗社中高天梅、俞剑华、傅屯良被誉为“南社四剑”之一。兰史号称有诗万首，并以“说剑堂”为诗词集名。此外与吴昌硕、赵叔孺、沈醉愚等在上海成立淞社、题襟金石书画会等。潜心金石书画研究。故一时篆刻名家为其治印，当在情理。而曾仲鸣、方君璧夫妇，亦闽人，其家人多为清末民初同盟会中坚。曾仲鸣大姐曾醒，为同盟会元老；方君璧之兄方声洞，为黄花岗七十二烈士、其二姐方君瑛为同盟会暗杀部长。曾仲鸣喜文学，留学法国，获博士学位；方君璧习油画，成为中国现代油画第一名家。回国后任教于广州中山大学，夫妇比翼文学艺术，筑颉颃楼，嗜好收藏字画图章，佳品甚伙。潘飞声名望盖于沪粤，与曾方氏同祖籍、同诗词爱好、同艺术追求，其印鉴全套转归颉颃楼收藏，合情合理。

越十年后，余再访美东颉颃楼后人，携此印鉴回国，付之中国嘉德拍卖，为广东后学新秀黄君耀忠所得。今朱钤印面，亮墨拓边款，编谱四册。余常欣慰自谓，无文化者，常将有文化者遗漏，而有文化者终成事业。观此曾方氏颉颃楼旧藏潘飞声印谱，可证是言不谬。

北堂善本书概述

中外瞩目的北堂书，即原收藏在北京西什库教堂（又称北堂）图书馆的五千余部世所罕见的珍贵外文图书，是十六至十九世纪中西交通沉淀下来的一笔巨大的文化遗产，也是一座十八世纪以前的欧洲思想宝库，成为当代研究欧洲宗教、法律、科学技术、哲学、历史、文学，以及欧洲印刷史、中西文化交通、西学东渐的重要史料。然而，种种历史厄运，致使这批书籍长期湮没不彰，至今鲜为外界了解，无论是过去还是现在，它所蕴含的人类智慧和精神财富，始终未能发挥其应有的社会影响和作用，这不能不说是一大历史误会和悲剧。本文仅就北堂书的形成、概况、编目情况、研究价值等问题，再做简述，昭示眉目，以资时人进一步认识、利用。

一　北堂书的渊薮和形成

今所谓的北堂书，其中绝大部分的图书原本非北堂所有。它是从十八世纪至十九世纪中叶百余年的历史过程中，逐步由北京的南北东西四堂、全国的十座地方教堂以及诸多传教士的个人藏书汇集而成，犹如涓涓细流汇成江河，江河复归于海的过程，直至十九世纪六十年代才最终沉积到北京西什库教堂，成为今之北堂书。那么，十六至十八世纪为何有数量如此之巨的西文图书进入中国？是何种力量促使分散于各地各教堂各人的图书聚集到了一起？这个漫长的汇集过程究竟是怎样完成的？这些是认识北堂书所必须了解的背景问题。

（一）西文图书入华之因及情况

上溯十六世纪天主教耶稣会传教士进入中国伊始，利玛窦儒服进京，以科学加宗教的传教方式，令中国的士大夫对欧洲科学技术折服，赢得了在北京城内建立起第一座高悬十字架的天主教堂。利氏重以科学技术为引导传教，成为此后传教士在华传教的基本方针。利氏之后，耶稣会注意选派一些有学识和技术的教士来华，故而早期来华的耶稣会传教士中不乏有学识的科学家，诸如汤若望、白晋、雷思孝、蒋友仁等。为了用欧洲先进科学技术和思想文化吸引中国的士人官僚、扩大本教堂的地位和影响、反击中国保守势力的攻击而立于不败之地，如清朝初年的杨光先控汤若望案等，都需要不断地及时补充欧洲先进的科学技术成果及其有关的资料。很显然，除了补充优秀的科学家之外，更重要的就是不断地补充凝结和负载科学成果的书籍。因此，新来华的传教士往往携带大量的书籍，在华的传教士也不断派员回欧洲募捐采购图书。诸如利玛窦进京时即携带了相当数量的书籍，他晋谒万历皇帝的礼品中就有西文图书。他还在一六〇五年，致友人的信中夸耀道："我这么多的书，诸如几何，测时学和天文学方面的，它确实丰富啊！"之后，有记载的大规模西文图书入华，乃一六一三年由龙华民等派金尼阁回欧洲募捐采购图书。此举大获成功，仅教皇赠书达五百余种，另西班牙主教赠书五千余种，加之其他捐、购，共计七千余种。此即是中国文化界盛赞的七千部西文图书。不幸的是，当这批书运抵澳门时，恰逢沈㴶教案风紧，不能运进大陆。但这批书有相当一部分此后辗转运入内地，并有一少部分保存下来，汇入北堂书。这一少部分就是著名的金尼阁遗书。

及至清朝，法国耶稣会传教士大量来华，罗马教廷的使节也频繁往来于欧亚之间，不断地有大量图书带入中国。如一七二〇年教廷派嘉乐率代表团来华交涉礼仪问题，即带有大量的图书，仅今保存在北堂书中就有五十一种，六十九册。

自利玛窦以降的二百余年中，传教士带到中国究竟有多少种西文图书，实已不可考。金尼阁募集的七千部，至今保存在北堂书中仅有五百余种，不及十分之一。如果按照这个比例，推算历代传教士带入中国的西文图书数量，当接近于事实。同时也反映出，今之北堂书，是明末以后数代传教士努力募集，历经几多天灾人祸，最后保存下来的极小的一部分图书，实属不易和珍贵。

（二）入华西文图书集中之因

十六至十八世纪入华的西文图书，随传教士的活动，分散到各地，包括京城内的南北东西四堂，及南京、杭州等地方教堂。致使分散于各地、京城各堂的图书逐步集中，最终形成集大成的北堂书，其因是历经雍正、乾隆、嘉庆、道光四朝百余年的禁教政策，史称“百年禁教”。

自利玛窦之后，中国和欧洲教会旷日持久地进行着一场争论，即利氏传教方针是否合乎教义、中国教徒参加祭孔祀祖活动是否有悖天主等。这场争论达两百余年，被称之为“中国问题”。清康熙三十九年（一七七〇年），坚持利氏传教方针的教士上书康熙皇帝，寻求支持，得到了康熙的赞赏与肯定。反对派则游说罗马教廷，得到了克莱门徒参加祭孔祀祖的“禁约”。由于反对派多属一些不学无术的宗教狂，且教廷“禁约”有干涉轻蔑中国传统文化之嫌，康熙皇帝龙颜不悦。尽管教廷方面先后派多罗、嘉乐率代表团来华晋见康熙，但终未能缓和这个矛盾。一七〇六年康熙下令，凡在华传教士必须向朝廷领取居留证，并声明遵守利玛窦的规矩，否则驱逐出境。百年禁教自此始兴。在此期间，大规模驱逐传教士的行动有：

一七〇六年康熙通令领证时，有诸多坚持不领证的传教士被驱逐，被驱逐的教士约三百余名；

一七二四年雍正下令各地传教士迁移至广州、澳门，禁止潜入内地传教，此次遣送到广州、澳门的传教士达四十余人；

一七四六年乾隆时福建发生教案，在各省的传教士犹惊弓之鸟，多避匿山野，或退居澳门。

值得注意的是，康熙、雍正、乾隆之时对京城内的四堂给以优待，而且在京传教士多在朝廷任职。故京城四堂传教士人数虽有限，但教堂和传教士比较稳定和安全。嘉庆、道光之后，教禁更严，致使京城四堂相继关闭。

清政府禁教政策的直接后果：一是传教士人数骤减，教士大量被逐，导致诸多教堂关闭；二是教堂财产被没收，许多人去楼空的教堂被清政府没收变卖；三是传教士因禁教无法补充，随着时间推移，生老病死，教堂无法维持自行关闭。

这些后果，导致先地方、后京城的教堂都遭受不可避免的厄运。正是在这些厄运逼迫下，各地教堂中的图书，作为可移动的一部分教产，开始向较安全、较稳定地区的教堂集中。很显然各地教堂图书集中的首先流向便是北京，继而到北京最大的主教教堂——南堂。

（三）北堂书的形成过程

各教堂所属的图书开始集中的确切时间已无从可考，但至迟不应晚于一七二四年雍正下令大规模遣送传教士之时，由此纵观北堂书的形成过程，在宏观上大体可以分为两个阶段。

第一阶段为南堂书形成，时间从十八世纪初至一八二〇年。在这一阶段，首先是地方教堂图书向北京集中，而后是北京南、西、东三堂图书集中。康熙之后，清朝政府日益严厉的禁教政策首先使地方教堂难以维持和存在，大量的西文图书既不能继续留在随时可能被没收的教堂内，也不便携带送回澳门，而雍正、乾隆之际京城内诸堂相对受到优待，地位较为稳定和安全，况且京内的南堂、西堂分别是拥有保教权的葡萄牙主教座堂和罗马教廷传信部的住堂，所以，各地传教士分别将各地教堂图书运往北京的南、西堂收藏。从今北堂书中的钤印和签字可以确认，至少有济南、镇江、杭州、淮安、南京、正定、开封等十座地方教堂图书进入北京，这是形成南堂书的第一步。

随着清政府禁教政策日紧，逐步对京城内的教堂人数及其活动控制加强，从一七八五年罗马教廷传信部派三名遣使会教士来京，并接收了已被教廷解散的原耶稣会在京教产之后，几无传教士进入北京，京内诸堂断绝了传教士的人员补充，使诸堂原本有限的传教士人数有减无增，或病老故去，或被迫离华。至十九世纪初，京内诸堂也难以继续维持下去了。在这种情况下，为使诸堂教产有所归依，京城内的东、西二堂图书又开始向南堂的第二步集中。

东堂图书于一八〇七年归并进入南堂。

西堂图书约于一八一一年前后归并进入南堂。

这样，集中了各地教堂图书，京内东、西二堂图书，加之南堂原有的丰富图书，合并起来成为南堂书，总数达五千种，至此南堂书形成，结束了西文图书集中过程的第一阶段。

第二阶段为北堂书形成，时间从一八二〇年至一八六〇年。在此阶段，首先是北堂图书转移出京，继而是南堂书向俄国教堂转移，直至第二次鸦片战争结束后南堂书与残存的北堂图书合并，最终形成北堂书。

道光初年（一八二五年前后）北堂的处境极为窘迫危险。此时北堂内仅剩高守谦一名传教士，他因牵涉到教案曾一度被捕，后被释放回北京。一八二六年他因一封自作聪明的奏折，反被道光皇帝冠冕堂皇地驱逐回国；在离京之前他将北堂交给南堂主教毕学源代管，具体事务由北堂的中国信徒薛某负责。鉴于北堂的处境艰险，薛某遂将北堂的可动教产，包括北堂丰富而珍贵的图书秘密转移到北京阜成门外的正福寺法国传教士墓地。事后不久，清政府于一八二七年没收了北堂，并廉价变卖了北堂房产。

北堂图书在正福寺的情况是：

一八三五年，法国传教士孟振生秘密潜往内蒙古途经北京时住正福寺，在此他看到了堆满数间房子的北堂图书，他虽无时间去隐藏这批珍贵的图书，但在离开时携带了少量北堂书去他的目的地西湾子；

一八三五年至一八三八年之间，按照孟振生的指示，命一名商人身份的信徒到京，用行李夹带的办法将一小部分北堂图书运到西湾子；

一八三八年一个教徒在太原被捕的事件，引起正福寺的薛某震恐，遂将剩余的北堂图书分别处理，绝大部分就地埋藏，另一少部分随身携带逃往西湾子。

就地埋藏在正福寺的大批珍贵图书，在十数年后发掘时已全部化为泥土，堪称一大损失。送往西湾子的图书数量究竟有多少已不可考，但一八五七年孟振生升任北京教区主教后，将带往西湾子的北堂图书分为两部分，一部分留给蒙古主教，一部分由孟振生带往北京。留在内蒙古西湾子的北堂图书在一九四六年的战火中被焚之一炬，仅留下了两册。归孟振生的北堂图书成为唯独保留下来的一少部分，今保留在北堂书中的二百零二种，二百九十册原北堂图书，即孟振生带回北京的那一少部分图书。

南堂和南堂书的情况略比北堂稍好，但是到一八二六年福文高、李拱辰相继去世，北堂的高守谦回国，至此全北京城仅剩毕学源主教一人驻南堂，年迈孤独且毫无希望，形势迫使他不得不考虑和安排身后之事。鉴于北堂被清朝政府没收变卖，毕学源只能将希望寄托在俄国东正教堂。

俄国东正教堂，称圣尼古拉教堂，俗称北馆，一六八九年由在京的俄国战俘及其家眷建立，位于京城东北，在京的俄国人被编入镶黄旗，与清朝保持着密切的关系，清政府的禁教政策不涉及和影响俄国东正教堂。因而，毕学源从一八二八年间，将南堂书逐步转移到了俄国教堂。从部分原南堂书上可以看到第十届俄国教团主教卡门斯基一八二八年四月至五月的签字，这表明南堂书此时已经开始进入俄国教堂，直到一八三〇年毕学源确立遗嘱，规定身后南堂教产由俄国教堂代管时，已不再提有关图书之事，说明向俄国教堂转移南堂书的工作已告结束。一八三八年北京城内的最后一位天主教主教毕学源去世，南堂也从此荒芜了；而南堂书再也无法回到南堂了。

一八六〇年第二次鸦片战争后，清政府按照《北京条约》有关归还教产的规定，将南堂、北堂重新交还给传教士，同时俄国公使伊格纳提耶夫也奉命将保存在俄国教堂的南堂书璧还。此时法国实际上获得了天主教在华的保教权，因而所有这些教产归还工作均由法国方面经手，继而由法国公使转交给了主持北京教务的孟振生主教。这批图书从此由法国传教士控制。

孟振生见南堂年久失修，残破不堪，势难暂住，决定将主教座堂定在北堂。北堂虽已改为中式建筑，然厅屋完整，孟振生从中划出数间，存放从西湾子带回的原北堂图书和俄国教堂归还的原南堂藏书，至此南、北二堂原藏图书正式合流，最终形成了所谓的北堂书。

二　北堂书的构成及特点

北堂书艰难而曲折的形成过程，决定了北堂书构成的复杂和扑朔迷离的特点，至今北堂书构成中还有诸多有待进一步研究的问题，也还有近半数的图书无法确定归属，根据这批书的印鉴、签名，以及部分独特的装订和装潢，可以考证出半数以上书籍的归属，根据这个归属大体可以看出和把握北堂书的总体构成，也可以微观上了解和掌握某一部书的来源。

（一）南堂图书

南堂图书历史最为悠久，数量最大，保存最为完整，版本研究价值最高，是构成今北堂书的最主要的组成部分，南堂图书大体包括三个部分。

利玛窦遗书 利玛窦一六〇五年筹建南堂伊始，即将所携诸多书籍移入，奠定了南堂藏书之基，然而，利氏藏书此后迭经一六一六年的沈榷教案、一六四四年李自成入京的大火、清初的杨光先控汤若望案，以及百年禁教中的磨难，保存在北堂书中的利氏遗书已寥寥无几，可以确认者仅［1292］、［2355］（北堂书目的编号）两种，其［1292］是利玛窦的老师 Clavius 所赠，上有 Clavius 的亲笔签名和题字，一五九三年版。此书部分由利玛窦翻译出版，译名为《浑盖通宪图说》，而［2355］是利氏译著的《坤舆万国全图》底本，其印刷之精美，至今光彩夺目。

金尼阁遗书 一六二三年经过沈榷教案之后，南堂重开，由金尼阁从欧洲募集的七千余部图书，也开始由澳门陆续运入内地，其中的大部进入南堂（至于七千部究竟有多少种运入内地，尚不可考），成为南堂藏书的主要组成部分。今保存在北堂书中的金尼阁遗书包括：

教皇保罗五世赠书	五百三十四种	四百五十七册
S. J. 劳瑞特图书	二十三种	二十九册
	二百种	一百四十三册

共计金尼阁遗书为七百五十七种，六百二十九册。

后获得的图书　南堂在清朝时期又陆续从欧洲的葡萄牙、意大利、荷兰等国获得了许多书籍，极大地补充了南堂藏书，这部分图书大都有 S. J. Rekini 或 VICe-Pro-vinciae（副省）的记号，保存在北堂书中共有五百四十六种，七百三十八册。

南堂藏书保存在北堂书中，并可鉴别出来的共有一千三百零三种，一千六百三十七册。

（二）东堂藏书

东堂是葡属耶稣会传教士在京建立的第二座教堂。该堂规模小，却具有一座历史颇久的图书馆。该图书馆的规模尚不清楚。其因是一八一二年在清朝禁教政策下，东堂传教士感到安全受到威胁，于是乘夜秉烛整理东堂图书，准备转移他处，不慎失火，将东堂藏书焚之一炬，仅仅从大火中抢出了十三册图书。之后，清政府下令东堂传教士迁往南堂，至此东堂大火焚劫之余的十三册图书汇入了南堂书。后来这十三册东堂遗书随南堂书交俄国教堂托管，继而汇入了北堂书。

（三）北堂图书（参见前章，略）

（四）西堂图书

西堂一七二一年始建，是罗马教廷传信部所属的教堂，该教堂初在海淀，后移到西直门内。西堂藏书有限，也没有专门的藏书印记，但西堂与山东教务关系密切，在禁教风声日紧之时，许多原属山东传教士的图书辗转流入西堂。因此，一些带有山东传教士标记的图书可以认定为西堂的藏书，一八一一年嘉庆皇帝下令西堂禁止传教士居住，迫使仅剩下的两名西堂传教士，带着西堂的藏书进入了南堂，此后，西堂图书与南堂图书合并，几经周折汇入北堂书，存于北堂书中的西堂藏书，计有六十二种，一百零二册。

（五）传教士个人遗书

西方传教士来华时，多少都带有图书，这些图书都有个人的签名，他们或故去，或离去，而图书作为遗留下来的财产，也被汇集到各教堂藏书之中成为教堂财产，其中知名的有三批：

嘉乐遗书　一七二〇年罗马教廷派嘉乐主教率代表团来华，与康熙交涉礼仪问题争端。在长达半年之久的路途中，嘉乐随行带了许多意大利文、拉丁文、法文等历史、宗教、法律方面的书籍消遣，但嘉乐与康熙交涉不洽，于一八一二年三月匆匆离京南下，经澳门返回罗马，嘉乐随行所带的书籍则留在了北京西堂，而后相继汇入南堂书和北堂书中，北堂书中属嘉乐遗书计有五十一种，六十九册，这批书上均有如下标记：EX lib. Relic. pekni ab. III nnoac Runo Pata Aleo。如［1226］、［1533］、［2878］等均属嘉乐遗书。

索智能遗书 一七四〇年到一七五七年索智能任北京主教管区主教，住南堂主持教务。他的个人藏书后汇入南堂书，保留在北堂书中计有九十三种，一百一十五册。

汤士选遗书 一七八五年至一八〇八年汤士选任北京主教管区主教，住南堂主持教务。他的藏书数量大，内容丰富，北堂书中属汤士选的遗书计有二百二十八种，五百一十二册。其中法文版有七十八种，一百九十五册，书的内容极其广泛，诸如地质、数学、艺术、贸易、化学、物理、医学、机械、建筑等，所以这部分遗书几乎与教皇保罗五世的赠书一样重要，虽版本晚了一个多世纪，但内容更加近代化了。

（六）地方教堂图书

保存在北堂书中有十个葡萄牙属地方教堂的图书，这些地方教堂书首先汇入北京葡属主教座堂，即南堂。之后随南堂书汇入法属北堂，这十个葡属地方教堂的图书大致如下：

济南府教堂图书 北堂书中属原济南府图书，计有七十五种，八十二册，大都有“Veod rac idle ncaa de c in an fu ”的手书签字；或 PFaylit 的签名，据惠泽霖教士考证，认为此系 PFayha 神父，曾于一千七百年前后在山东传教。

镇江教堂图书 镇江教堂于一七二七年由 JdCdeMa 神父重建，保留在北堂书中的原镇江教堂图书，都有他的题记：Apkd0 a residat pencil aide chin kind por olden public ade hello PVP royal vice provincial Joao de saaj thii 44 FH，42 Hhj。

杭州教堂图书 杭州教堂的图书非常古老，或有“Cara de Ham chen ”的标记。著录日期最早的为一六六一年，或有“COk vice - provincial urban Ham chen AS A as”，最早的著录日期是一七一三年，北堂书中原杭州教堂图书计有三十一种，三十五册。

淮安教堂图书 Igea 神父在淮安传教多年，死于一七〇三年，他的遗书是组成淮安教堂图书的主要部分。北堂书中计有原淮安教堂三十七种，四十三册，并多有“Da igreja de Hoai - ngan ”的签字。

南京教堂图书 南京教堂拥有一座藏书丰富的图书馆，北堂书中计有南京教堂图书六十八种，六十七册，都有“Nankin Vice - pro twin clae Sinensis ”的签字。明末金尼阁回欧洲募捐图书时，也负责给南京、上海、杭州、韶州、南昌地方教堂募书，然而南京的图书中均无当年特有的标志，如“Abbe”或“edbns”的标记，均不属金尼阁的“七千部”范围。

正定府教堂图书 正定教堂的图书部分是原 Rpa 神父的遗书，北堂书中计有该堂图书十六册。

开封府教堂图书 北堂书中属原开封府教堂图书计有五册，其中有两部是 GOrani 神父的遗书并有他的签字。

上海教堂图书 北堂书中属上海教堂的图书计有八册。其中多数有“Igeaje de samhai”“ xaml hay hg ”的签字。

武昌府教堂图书 北堂书中原武昌府教堂图书计有六册，都有“cara de yu chan h”的标记。

绛州教堂图书 北堂书中计有原绛州教堂图书五种，九册。

以上所述的均属于北京的、传教士的、地方的图书，都属于天主教耶稣会。在北堂书中还有一部分书需要注意。

其一，遣使会图书。遣使会是一七八五年来华，并接收了被解散的耶稣会教产，北堂书中有属于遣使会的图书三十九种，七十五册。这些著作的版本有些早于一七八五年，但这批图书是近代（一八四〇年）以后，天主教遣使会重新进入中国时带入内地的，例如［2139］、［3479］等，均有 L.GDel 主教的题记，说明是一八七〇年由罗马采购带到中国的。这些书被错误地混入了北堂书中，应该将其认真区分出来。

其二，无法确定归属的图书。这部分图书多达两千余部，是值得进一步研究的图书。

总计上述各部分，北堂书总数为五千一百三十三种，除去后被混入北堂书中的七十五册遣使会图书，为五千零五十八册。然而，据一八六二年北堂 Thierry 神父的统计，北堂书共计为五千九百二十九（Thirerry 统计有误，实为五千九百三十）册。其中有五百种是一八六〇年至一八六二年间补充的图书。因此，一八六〇年由俄国教堂归还的图书（除去其中的中文版本书籍）共计五千四百册。那么，这里有三百四十二册北堂书在一八六二年到一九三八年间下落不明。换言之，在此期间北堂书仍在继续散失，按照一九三八年北堂教士惠泽霖先生的解释，所损失的大部分书籍，都是对传教士有用的，言下之意是传教士从北堂书中拿走了一些有用的书籍，而且也未归还，直到一九三八年北堂着手编制新的北堂书目录时，天津、正定的教堂送还了一些有北堂印记的图书，这说明北堂书在一八六二年以后确有散失，遗憾的是经过八年日本侵华战争，散失出去的北堂书已经下落不明了。五十年代末北堂书进入北京图书馆后亦曾进行过清点，其种数、册数与 Thierry 神父和惠泽霖的统计均不一致，相差三百六十三种，五百一十四册，此数与北堂移交的卡片目录数字是一致的，其中缘何数字有差，尚有待于进一步核查。

三　北堂书的整理与研究

古老的北堂书，数量之大、内容之丰富、装帧之精美和保护之完好，真可谓洋洋大观令人赞叹不已。北堂书形成之后，为了详细著录北堂书，以资读者利用，自一八六〇年之后，在北堂教士的主持下，曾两次编制北堂书目录。

（一）Thierry 神父第一次编目

一八六二年孟振生主教由欧洲返华，Thierry 神父随孟主教从欧洲到北堂。在他的主持下，对北堂书进行了首次编目，此目是将北堂书按其内容分为“圣经”“历史”“哲学”“数学”“天文学与测时学”等二十类，编成两部分类目录，目录的著录项目包括：编号、书名、著者、册数、尺寸、出版者、出版地、出版时间、其他。

据此目统计，包括北堂书在内的全部北堂图书，共计五千九百三十册，除去一八六二年至一八六五年间补充的五百余种图书，一八六〇年由俄国教堂归还南堂书和孟振生带回的北堂图书，即北堂书，共计五千四百册，初步弄清楚了北堂书的数量和内容。

在此目录前面，Thierry 神父用拉丁文写了长达五页的序言，概括叙述了北堂书的形成和历史。遗憾的是，这部目录未公开发行，仅仅作为整理北堂书的档案资料，一直埋没在北堂内，北堂书及其目录仍不为外界了解，没有发挥其社会功效，更谈不到研究和利用。

（二）H. Verhaeren（惠泽霖）主持第二次编目

北堂书长期深闭固拒，沉睡于北堂，外界之人鲜有一睹北堂书风采者，对其学术价值更难了解和知晓。直到二十世纪三十年代，北堂书才引起海内外学界的重视。首先由美国驻华大使馆秘书C.B.Lyon与教会方面联系，提出整理这笔珍贵历史遗产的请求，得到教会方面的同意。这项工作在燕京大学校长司徒雷登等介绍下，获得了美国洛克菲勒基金会资助。主持此项工作的是教会方面委任的图书馆长、荷兰人H.Ver haeren，即惠泽霖先生。编目工作于一九三九年开始，时隔八月，太平洋战争爆发，参加此项工作的西方人，部分回国、部分被日军送往潍县集中营，唯有惠泽霖因健康原因留在北堂，使这项工作在艰难中勉强维持，编目工作历时十年，直到一九四九年，新编的《北堂书目录》才正式由教会出版社出版。

新编的北堂书目录，不同于Thierry神父的分类目录，是按照不同的文种来分章节，按照书目所示，共为：

法文	七百零九
葡萄牙文	二百一十四
拉丁文	二千四百二十六
西班牙文	一百二十六

意大利文	四百零九
德文	一百一十二
希腊文	五十五
希伯来文	三
荷兰文	二十三
波兰文	三
英文	八
斯拉夫文	一及补遗二种

根据统计，此时北堂书共为四千一百零一种，五千一百三十三册。

这部目录著录项目完整，包括：著者、著者生卒年、书名、出版者、出版地、出版时间。附录项中包括：页数、尺寸、题记、签名、印章，部分稀见的图书还附有书影。从这些内容，读者大体可以掌握每一部书的基本版本情况。

在此目录的首尾，惠泽霖分别附有《北堂书的历史线索》和人名索引、主题索引。尤其是附录的人名、主题两个索引，对于读者了解和使用提供了便利。

这部目录出版之时，正值北平解放，百废待兴，而这部目录仅在学界小范围内交流，其社会影响极为有限。

这里补充说明一个问题，即北堂书形成之后的三次搬迁情况。

北堂书第一次搬迁为一八八七年，清朝政府为扩大宫苑，与北堂方面达成协议，由原址中海西岸迁往西安门内西什库地方并筹建了图书馆，北堂书首次搬迁至此，在此北堂书经历了一九〇〇年义和团的战火、一九四三年日伪时期北堂失火，但这批书基本未受损失，直到一九四九年。

第二次为一九五八年，原北堂图书馆一带被改建成工厂，北堂书移交北京图书馆善本特藏部，迁往文津街北京图书馆保存，直到一九八八年。

第三次搬迁为一九八八年，位于白石桥新建的北京图书馆落成，北堂书迁至新馆庋藏，在这座现代化图书馆中，全封闭式书架、可控温度和湿度的空调系统，先进的防火系统，使这批珍贵的历史遗产得到最佳保护。

北堂书尽管两次编目，使之得到了系统整理，经过三次搬迁，保存条件得到了改善，然而，北堂书形成后的一百三十余年，中外学界很少有人能够一睹它的风采，更少有人能系统地了解、研究和利用北堂书。书的价值究竟何在呢？笔者试从四个方面来加以论述。

其一，北堂书的内容极为丰富，是一座十八世纪以前欧洲思想宝库，包括政治、宗教、科学、文化。根据Thierry神父的分类统计，北堂书的内容及数量情况为：

圣经	二百零五
宗教法规与民事法	三百零五

神学教义与伦理	六百二十七
布道讲义	三百
教士著述	一百二十三
历史	五百三十一
神学论辩与神秘论	二百零四
祈祷词	一百七十三
禁欲主义	七百
机械工艺	一百三十一
哲学	二百六十五
自然史	一百四十八
地理学与水文学	九十六
医学和药学	三百零八
文学	一百七十八
语言	一百二十
数学	三百七十八
传记	一百九十六
天文学与授时学	四百三十八
综合类	三百一十六
物理学与化学	一百七十八

从这个分类统计可以看出，全部北堂书中，非宗教性的书

籍多达两千五百七十四册，占半数以上为有关自然科学的，计一千六百七十七册，而历史、传记等人文科学方面的著作数量也非常可观。因而，北堂书的内容非常广泛、全面。据笔者所见，这些图书，大部分为十六至十八世纪代表最新科学、思想成果的时人著作，也有数量相当的欧洲希腊罗马时期的哲人著述，北堂书所包含的内容，可谓欧洲十八世纪以前的思想宝库。

其二，古老的北堂书，其中的一些版本在欧洲也十分罕见，对研究和了解欧洲印刷史和版本学具有重要的意义。十五世纪末到十六世纪初，是欧洲印刷业的摇篮时期，所印刷的书籍被称之为摇篮本，亦非常名贵。而北堂书中就有不少的摇篮本。据笔者所察，北堂书的大体情况为：

十五世纪末印刷	四种
十六世纪五十年代以前印刷	五十九种
十六世纪五十年代以后印刷	四百八十二种

这些是印刷年代明确的，还有年代不详者。

其中最古老的书为［2948］、［2949］，是一四七三年至一四七七年出版。其次为［802］是一四九二年出版，［2553］是一四九六年出版。此后到十八世纪末，各个时期，各个地区印刷的图书，无不具有，洋洋大观，犹如一座欧洲印刷史的博物馆。

在图书中装帧最有特色的是金尼阁从欧洲募集的“七千部”残余书籍。这批书金尼阁运华之前，利用教皇赠送的千元金币，将大部分赠书重新装帧。装帧工作由法国里昂的大师荷瑞斯·戈登进行，封面羊皮装，书名烫金，并饰以各种花纹金线，其中教皇的赠书还饰有教皇特有的御玺和标记，封面呈红色，书口涂蓝灰色。因而，每一部书的装帧都是精心设计，富丽堂皇，可谓是一件工艺品，异常名贵。金尼阁当时便毫不夸张地称，这批书值一万金币。而三百多年后，这批书的价值已不可用金钱来衡量了。

其三，这批内容广泛、版本古老的图书，是研究和认识西学东渐的历史见证，至今还有许多尚需挖掘和研究的问题。例如：［1291］此书上不仅有利玛窦的老师 Clavius 先生的亲笔赠书签字，而且此书部分被译成中文出版，中文名为《浑盖通宪图说》。

［2355］此书是利玛窦译著的《坤舆万国全图》的意大利文底本。

这些北堂书的内容，经过传教士的翻译已经介绍给中国，但是明清间传教士的译著是相当有限的，特别是各种各样的原因，尽管北堂书已将承载了许多先进思想、科学成果的书籍带进了中国，可是被长期秘藏教堂，也未曾翻译介绍给中国，例如：

［1384］: Nicolai Copernici 1473—1543 *Astronomia Inslavirata* 1617

［1385］: Nicolai Copernicl 1473—1543 *Derevolve tion Ibus orbiumn coelestium* 1566

这两本书都是著名的科学家哥白尼的著作，内容均系有关天体运行，实际上书中已将伟大的“日心说”介绍给读者。尤其是一五六六年出版的［1385］，即使在欧洲也甚为罕见。如此珍贵的图书却长期沉寂，致使中国直到近代以后才重新认识和了解欧洲科学技术，即哥白尼的伟大学说。这不能不说是一个遗憾。

其四，北堂书中的大量题记和签字，侧面反映了明清之际传教士在华传教的情况，是研究十五至十八世纪天主教东传的重要史料。这一点可以从一些流传有序的题记中反映出来。

［3524］的扉页上，有用拉丁文书写的亲笔题字：“一六一六年五月一日教廷御医及采药专员 Joames Fsber，谨献给最可爱最忠实的朋友，耶稣会士中首先从中国返回罗马的金尼阁司铎。”

另一页上亦有题记：“教廷御医及采药专员 Joames Fsber，谨以此书献给密友金尼阁与邓玉函，借作旅途纪念。”

这些题记侧面地反映了金尼阁及其助手邓玉函在欧洲的募集图书情况。

大量的题记对于研究和考证分布在各地的传教士及其活动提供了丰富的第一手资料，是天主教明清之际在华传教史的宝贵史料。

除上述方面之外，北堂书中还蕴含着其他方面研究的资料价值。如［4054］荷兰文《圣经》中的题记：“一六六〇年十月六日攻陷新港（福尔摩斯，即台湾）。”

这是荷兰人入侵台湾的一条重要资料。

凡此等等，都需要更深层次的研究和发掘，才能充分认识和实现它的价值。

综上所述，北堂书是在漫长曲折的历史过程中，逐步形成的一大笔属于全世界、全人类的珍贵文化遗产，它集文物性、思想性和资料性于一体，具有极高的学术研究价值。尽管在北堂书的来源、形成、内容等方面，还遗留着诸多有待进一步研究的问题。也不论北堂书在历史上如何被深藏埋没，有一点则是可以肯定的，伴随着中外文化交流的扩大、有关文化研究的深入，北堂书的保护、研究和利用工作必然会得到加强。北堂书中存留的疑点，也将会逐步得到解决，北堂书上长期蒙遮的神秘面纱，也必将会被摘下，一展它在世界文明史中的风采。

“一千部”西文善本序

倘以利玛窦“儒服进京”计，近世天主教已入中国愈四百年矣。伴随着利氏及其后继者，都在科学的旗帜下，吸引中国传统的士大夫阶层转而信仰西方的天主教，为此，西方传教士们也随身带入中国大量的西方最先进的科学书籍、宗教书籍，积四百年来之沉淀，这些西方书籍已成中西文化交流的历史见证，其存在，不因现代科学技术和文明而减弱后世对它的崇敬与向往。现在摆在我们面前的这一千三百余册西方善本书（我称之为“一千部”）便是其中占有极为重要地位的令人惊异的遗产。

一　西方古籍善本的入华经历

在利玛窦一六〇一年进入大明帝国的京师（今北京）城时，随身就携带了相当数量的书籍。五年后利氏在今宣武门获得了居所，即今宣武教堂（南堂）前身，同时建立了自己的图书室。那时，利玛窦曾声称：他的书库，关于地理学、天体学等，以及很多相关的书籍，已经足够用了。这就是近世四百年来，西方天主教所绵延不断向中国输入西方书籍的肇始。从这以后，或有或无计划地向中国输送书籍的过程开始了。

从利玛窦之后，现可知道的有：

一六一三年金尼阁受龙华民之命，从中国回到欧洲募集、采购书籍，到一六二〇年金尼阁重返中国时，携带的西方书籍，包括罗马教皇赠书，约七千部，这就是史称的“金尼阁藏书”，俗称“七千部”。

一六五五年，北京东堂由利·思·安文思神父建立，同时建立了东堂书库。

一六八八年，法国耶稣会入京，其中著名的学者，也是传教士，白晋、张诚留在北京，并直接参与了一六八九年中俄《尼布楚条约》的谈判，受到康熙皇帝的宠信，拨地西南海（中南海西岸的蚕坛），建立了法国教堂，俗称北堂（一八六〇年后重建于西安门内西什库，仍称北堂），法国传教士为了在影响中国朝廷及参与圆明园建设中不败给葡萄牙人，在书库建设方面，也作出了极大的努力，建立了一个相当规模的书库。

一七二三年，德理格神父作为教廷派出的特使随员，建立了属于教廷使用的西堂。它将不依附葡萄牙耶稣会的教派，包括圣方济各会、奥古斯丁会等教派的教士者纳入，也给西堂带入了他们的藏书。特别是罗马教廷的特使，在他们离开之后，其随身携带的书籍，也就留在了西堂，最著名的就是一七二〇年教皇克莱孟十一世派到中国，与康熙皇帝谈判解决“中国礼仪”问题的特使嘉乐主教及其藏书。

除了这些属于教堂书库所藏西方书籍外，还有诸多的传教士、主教、神父也带入中国许多私人藏书，现知道的有：索智能主教藏书、汤士选主教藏书，以及前面提及的嘉乐主教藏书。

在京师之外，还有许多地方的教堂及传教士的藏书。包括济南、镇江、杭州、淮安、南京、保定、开封、武昌、沧州和上海教堂。

这些图书，大都是在十八世纪二三十年代以前，已经运进中国，因此这些书籍从今天的立场来看：

第一，年代主要是十七世纪以前的印刷品，最早可以上溯到古腾堡印刷术发明的早期所谓的“摇篮本”。毫无疑问，最早、最大的金尼阁藏书就是其中的重中之重。因为，从十八世纪二三十年代开始，由于中国皇帝与罗马教廷的矛盾，传教士入华受到禁止。

第二，大部分内容为非宗教书籍，更多的是当时欧洲最先进的科学、文化、哲学著作。这些科学的武器，是传教士们吸引中国知识阶层，并同中国传统保守势力斗争的力量所在。这与一八六〇年中英法第二次鸦片战争后，传教士重获传教地位，再进入中国的书籍，从版本到内容具有极大的区别。也就是说，十七至十八世纪间传教士带入中国的西方书籍，它的版本、内容，都是可以进入善本的行列。

二 在华西方古籍善本的聚散

早期传教士在中国的传教和地位是非常危险的。对西方传教士来说，中国是一个陌生而古老的国度，西方传教士入华的过程，经历了不少磨难。

明末，金尼阁带着从欧洲募集来的“七千部”西文书籍返回中国，恰逢沈榷教案，迫使金尼阁将书留置澳门，虽此后陆续带入中国，但是带入多少、带到何处已成历史之谜。现存有案可查仅七百五十七部六百二十九卷。

一六八四年康熙初年，杨光先控汤若望案，从京城到地方的教堂又一次受到冲击。

然而，这仅是一次历练，更大的风暴在于中国的康熙皇帝与罗马教皇之间的矛盾，即中国士大夫信仰西方基督的同时，是否还要遵从中国的儒教体系下的传统礼仪，即所谓“中国问题”。康熙从政治直觉上要求是肯定的，罗马教皇是否定的。这个事关社稷的矛盾导致了从雍正以后，禁止天主教士入华。这一限制其活动范围的政策，一直持续到嘉庆年间，历百余年，史称“百年禁教”。百年禁教的直接后果，就是各地方的教士受到了驱逐，而在京城、南堂、北堂的教士，因有圆明园的工程而受到了优待，但其人员的补充受到了限制。生老病死，天之使然，传教士人数日减，以致无人为继，这就使西方教士及教堂的藏书，出现了一次大规模的转移聚合。这个过程可以分为两个阶段：

第一阶段，地方教堂和教士的藏书向京城的教堂集中，因为京城的教堂受优待，尚无危险，于是各地教堂通过各种渠道，将藏书运进京城，主要是集中于南堂，因为葡属南堂在各地势力最早、最大。

第二阶段，京城教堂藏书的转移。其中东堂在转移清点时失火，藏书几乎损失殆尽，现知仅存十三部。西堂藏书并入南堂，现知有六十二种一百零二卷。北堂藏书一部分由孟振生带往西湾子，另一部分畏惧搜捕，埋入阜成门外，化为泥土，不知所归。而带往西湾子的书一分为二，一半在一八六〇年后由孟振生主教带回北堂，共二百零二部二百九十卷，另一半在一九四八年的战火中又完全散毁。最幸运的是南堂藏书，在最后一位主教毕学源去世前，将南堂藏书转交在北京的俄国东正教堂保存。俄国东正教堂，是康熙雅各萨之战被俘的数千俄国士兵和家眷在北京朝阳门外关帝庙建立的。因此，这些俄国人不受百年禁教之约。直到一八六〇年中英法第二次鸦片战争后，法国主教孟振生重建北堂（西什库教堂）后，俄国东正教堂将这批南堂书完整地转交给孟振生主教，于是，孟振生主教将他从西湾子带回的原属北堂的部分藏书，加之俄国东正教归还的南堂藏书汇总起来，建立起新的北堂书库，以后再有少量的补充，这就是现今庋藏于中国国家图书馆的“北堂书”。

据一八六二年特里神父统计，“北堂书”共计有五千九百二十九（实为五千九百三十）本，其中有五百本是一八六〇年至一八六二年新增加的。但这个数字到一九三八年至一九四八年惠泽霖神父编制目录时，共有五千一百三十三本，四千一百零一种，而笔者在一九七八年再次参与组织清点“北堂书”，统计共有三千六百六十三种五千一百四十四本。笔者撰写了《北堂史略》发表于一九九三年《北京图书馆馆刊》，披露清点的结果与惠泽霖所记有差，各次清点数字有差，总的来说藏书的种（部）数是绝对的，而册（本）数可以随重装、替换相对变化，因此在一八六〇年之后北堂书在减少和散失，这是不争的事实。从百年禁教开始，究竟有多少教堂和传教士的藏书散失了，如果以一个最简单的比例，现存的金尼阁藏书，只有七百五十七部，共六百二十九卷，以此数推断之，仅是“七千部”的十分之一强，而其余近十分之九或损失，或散落于中华大地的各个角落。

三　“一千部”的形成和来历

笔者用如此篇幅描述四百年来，西方书籍进入中国和在中国的聚失经过的目的，就是要说明摆在我们面前的这一千三百多册西文善本书的渊薮。

“一千部”毫无疑问上承金尼阁藏书，例如［0008］*latino-Attici*

Oratores.Siue Panegyrici［伊索克拉底斯的讲演］。Lsocrates［伊索克拉底斯，公元前四百三十六年至前三百三十八年］，一五九五年出版，法国杜埃。拉丁文与古希腊文，白牛皮装。此书必是金尼阁藏书，即所谓“七千部”之一。何也？首先，此书编辑出版的时间是一五九五年，早于一六一八年，即金尼阁返回中国的时间。其次，此书出版地在法国小镇杜埃（Dovis），这个小地方出版的拉丁文和古希腊文双语书，发行量一定极小，若非特殊原因，几无可能出现在中国。这个特殊原因就在于金尼阁本人，金尼阁就是法国杜埃人。据惠泽霖神父考证，金尼阁在一六一八年回到欧洲后，“从科隆出发，金尼阁去了他的故乡杜埃”，在那里，他的侄子休·德·圣劳伦特，皇家杜埃学院的希腊语教授及光学系主任，将一批书交给了他的兄弟休伯特·德·圣劳伦特——耶稣会修士，后来休·德·圣劳伦特与金尼阁一同到中国，不幸的是在途中病故，但这些书则作为“七千部”的组成部分，带到了中国，现北堂书中仍保存着其中的二十九本，其散落他处者，一定也有，然而能够保存下来，却是不易之事！

上溯了“一千部”源头，想要了解它的集中形成过程，则是一件非常困难的事。因为，它除了经历十九世纪前半叶以前的两个聚散集中的过程之外，在这百年之间，或者说自一九四九年惠泽霖神父编制北堂书目之后的五十多年中，又有一个新的集中过程，归纳起来可以看到几个来源。

（一）教会相关组织的散出

北堂自一八六二年特里编目之后，仍旧有散出，故惠泽霖组编时，藏书数量已经较特里时有所减少，惠泽霖以委婉的口气谈道：缺少的书籍，是对传教士来说有用的书。我们在“一千部”中看到的统计如下：

北堂藏书　如0085、0086、0089、0108、0397

西堂藏书　如0001

多明教会　如0002（这部书，也应是北堂书）

正定府教堂　如0133、0138、0140

（二）民国间中外机构藏书散出

民国间的中外机构，在一九四五年世界形势变化后的特殊环境中，或取缔，或解散，或合并，其藏书也随之散失。

东西新报社编辑局调查部　如0257

满铁总裁室社员文库　如0351

满铁北教经济调查所　如0543

亚洲学生疗养院　如0622

在华纳粹组织纳粹德国工人党海外组织中国小组北京分部　如0413

（三）民国间文化教育组织藏书散出

这类与外国或宗教有联系的文化教育组织由于第二次世界大战及战后的国际形势变化，受一九四九年的特殊环境影响，也遇到了各种问题，或散，或并转，其藏书也有散出。

弘在中学　如0115

北京 Acad emy 图书馆　如0125

中法大学图书馆　如0131、0169

华西大学（华西协会大学）　如0142

北平辅仁大学　如0150

北平法文图书馆　如0156

广学会图书馆（上海）　如0409

民国政府外交部　如0155

中法协会　如0410

淮南图书馆

天津工商大学

北京私立文声学院　如0074

（四）文化教育机构藏书散出

从一九四九年新中国建立，到一九六六年至一九七六年“文化大革命”，再到一九七九年后的改革开放，国家面临着多个时期重心转移变化，对文教界的冲击影响巨大。由于文教机构撤并等原因，其藏书亦有散出。

外交部情报司　如0102

北方大学　如0121

上海社会科学院　如0132

北京市图书馆　如0149

中国政法大学　如0151

群众出版社　如0172

北京大学工学院　如0194

北京大学研究所　如0202

华北大学　如0204

教育部　如0208

中国政治学会　如0213

中国科学院　如0219

中央广播事业管理处　如0242

人民日报　如0289

外交出版社　如0319

中央人民政府出版署　如0353

东北人民大学　如0354

上海图书馆　如0370

人民美术出版社　如0372

天津市戏曲研究院　如0380

历史研究所　如0388

北京师范大学　如0392

中央政治干部学校　如0617

中国科学院地质研究所　如0615

中国社会科学院世界宗教研究所　如0102

（五）个人藏书散出

自清末民初以来，中国学生、学者外出东西洋，求知问学，同时带回西方书籍，“一千部”中亦有见。

梁启超　如0403

袁家骅　如0029、0109、0396

顾维均　如0211、0402

向达　如0313

张永思　如0144

刘泽荣　如0146

以上所举，汇聚于此，尚不能完全计，仅此代表一二说明。故以此聚散离合之过程，又见近百年来西文书在华聚散过程。

如果将惠泽霖先生一九四八年的《北堂书目》及序看作自一六〇五年至一九四八年来西文书在华的聚散总结，那么，这“一千部”无疑是其后五十年西文书在华流散聚合过程的缩影。这当然是一个未完的古老传奇故事。

四 “一千部”的内容及其特点

如果说在四百年前，传教士以科学大旗入华，则其书籍内容多与科学有关，如天文、地理、数学等，如利玛窦带来了《浑盖通宪图说》，这就是后来利氏译著的《坤舆万国全图》，它将欧洲先进的地理知识介绍到中国，对中国传统的“天圆地方”的观念给以冲击和否定；又如北堂书中的1384号 Nicolai Copernic：*Astronomia Lnsravirata*，一六一七年出版，这就是著名的科学家哥白尼关于天体运行的著作，已将其伟大的“日心说”带到了中国。

这表明十七世纪到十八世纪西方传教士带到中国的书籍，无疑给中国留下了一座十八世纪以前欧洲的思想、科学、文化宝库，再看“一千部”时，相比较的结果，令我们很明显地看到其中的特点。

“一千部”的主要内容，除了基本的关于西方基督教的著作之外，最突出的就是其一半以上的数量都是有关中国的。这可以从最早的0013号算起，即《荷兰使国初访中国记》，约翰·尼霍夫，一六六八年出版，阿姆斯特丹，这是第一部全面向欧洲介绍中国的书籍，直接推动了欧洲十七世纪的“中国热”。

而“一千部”中关于中国的书籍，包含中国的政治、人文、地理、风俗、工艺、艺术、传统经典思想、宗教，几乎涵盖社会生活的各个层面，这些专著绝大部分是十九世纪到二十世纪的欧洲出版物。这类书大规模进入中国，给我们提出了一个问题，即与当年的“七千部”或“北堂书”相比较，这“一千部”的内容的重心已经不是欧洲的“科学”著作，何以如此呢？

问题的答案就在于一八六〇年以后，西方传教士在中国重新获得法律上的肯定之后，传教士进入已经不需要借用“科学”的力量，而是凭借欧洲的“快炮利舰”，要将基督的十字架，插遍中国的每一个山头。当然，无论是传教士传教，或在中国开埠通商，或在中国租界，都会遇到一个基本问题，那就是什么是中国？要在中国传教、通商、租界，仅仅尼霍夫的著作显然是不具体和深入的，这就是从欧洲十九世纪末到二十世纪初，大批出版有关中国的各个生活方面的书籍所要回答的问题。换句话说，这些书也就是西方传教士、商人及其他各色人等进入中国的“指南”。有学者也将这类书称之为“寻宝图”。这一针见血地说到了实质。基督的精神要的是中国人的信仰，而这类书要的是中国的精神文化和物质财富。

当然，“一千部”的内容是丰富多彩的，其中有诸多世界名著，如格雷诗集：0094；有狄更斯的著作：0324；也有美妙的西方音乐，如莫扎特最早的有限发行的五线谱作品：0018、0019、0086、0098，均属乐谱类；也有珍贵的历史档案，包括外交、宗教活动，如0233、0404、0180等，更有甚者，还有纳粹的出版物，如0214、0413、0412、0405等，可见西方的各种政治思潮也随之进入中国。

“一千部”是一批由拉丁文、古希腊文、科普特文、阿拉伯文、德文、法文、希腊文、俄文、意大利文、日文、荷兰文，及中国满文、藏文等构成的一座世界图书书库，其内容显然是丰富的，显然非一人一时之能力可以了解。这当然需要更多的学者、专家来研究。

五 “一千部”的综合价值

“一千部”毫无疑问是四百年来中西文化交流的沉淀物，它的内容，就今天看来，并不会由于当今的变化而感到有些过时，人类对于过去的文化世界的探究，对于认识当代文明的起源以及未来社会的憧憬，是中外一致的追求，因而从这个意义上，“一千部”的四百年历史就是它的光彩所在。

这个光彩的第一亮点就是古老的版本价值，这是人类印刷术发明成为近代文明的推动器。一千部中

1450—1500　摇篮本有一册，两种，0001

1500—1550　早期的印本，五种，0005、0006、0007、0008、0009

1550—1600　两种，0010、0011

1600—1650　八种，0012、0021、0024、0027、0137、0014、0157、0371

如果将此纳入中国现存最古老的“北堂书”，就可发现，全中国

公藏可以确认的仅有四部摇篮本（一五〇〇年前的印刷品），其中的两种是一四九二年、一四九六年的印刷品，晚于此“一千部”中的一四八三年、一四八五年的印刷年代，无疑占据中国现有摇篮本的第三、第四位。

此版本价值可以同除“北堂书”外的中国现有任何一家图书馆藏西文书媲美。

因此，“一千部”可以说就是十五世纪中期以来欧洲印刷书的现成博物馆，从印刷本之前的手写本，到古腾堡摇蓝本，从精美的欧洲铜版色，到考究的羊皮装帧，其富丽堂皇令人赞叹。

第二个亮点，这里必须指出，“一千部”中可能最重要的一部书，就是0017号，《满法词典》，这部书怀疑是知名世界的法国学者钱德明的手稿。钱德明一生在华四十余年，他将《孙子》《吴子》《中国兵法考》等大量百家诸子及儒学著作翻译介绍给欧洲，特别是他精通满、蒙等中国语言，编写了《满法词典》，一七八九年在巴黎出版。以此书的年代及内容，在十七、十八世纪后半期的法国传教士中，唯钱德明在做这项工作，而且只有他有这种能力。

亮点之三是这“一千部”中大量的书都有传教士或各色人等的签字、题记，以及教堂、机构的收藏印记，这些内容尚未得以研究和开发，也许这些内容对当代的中国学或中西文化交流历史的研究，有极其重要的意义。这里所包含的内容和资料，是无法替代的原始文件，是不可多得的第一手资料。如0002号，《圣·保罗文书》

Leontorias，Courad 著，一五〇八年，巴塞尔出版。也许这部书本身的内容并不重要，然而这本书的扉页及其中有许多的手写内容，尤其是关于三角形、圆的计算公式、数字等，使这部宗教书留下了诸多的科学信息，而这些信息究竟说明了什么，也许将永远是一个谜，虽说这些科学信息当时未能产生社会效益，但人们对这个谜底的探求，无疑将是乐此不疲，无疑可以获得无限的精神享受。

综上所述，展示在世人面前的“一千部”西文书籍，是经历了四百年来诸多碰撞和冲突，盛衰和变迁，幸运保留下来的世界文化和文明的宝库，一切自然的和人为的惩罚与灾难都已经宽容了它，而后人对于它的研究和利用，将使它羽化变成东西方文化交流的媒介，最终成为永恒的令人尊敬和珍重的人类文化遗产。

它将为一切研究和利用、尊敬和珍重它的人带来益处。